U0735128

名师工程 | 新课程·新理念·新教学
创新语文教学系列 | 丛书编委会主任：马　立　宋乃庆

名师

中学语文：问题群教学模式构建艺术

陈剑峰　著

国家一级出版社　全国百佳图书出版单位
西南師範大學出版社

图书在版编目（CIP）数据

中学语文：名师问题群教学模式构建艺术 / 陈剑峰著. 一重庆：西南师范大学出版社，2014.7

（名师工程）

ISBN 978-7-5621-6856-0

Ⅰ.①中… Ⅱ.①陈… Ⅲ.①中学语文课一教学研究 Ⅳ.①G633.302

中国版本图书馆 CIP 数据核字（2014）第 126237 号

名师工程系列丛书

编委会主任：马　立　宋乃庆

总策划：周安平

策　划：李远毅　卢　旭　郑持军　郭德军

中学语文：名师问题群教学模式构建艺术

ZHONGXUE YUWEN MINGSHI WENTIQUN JIAOXUE MOSHI GOUJIAN YISHU

陈剑峰　著

责任编辑：钟小族　张燕妮

封面设计：戴永曦

出版发行：西南师范大学出版社

地址：重庆市北碚区天生路 1 号

邮编：400715　市场营销部电话：023-68868624

http：//www.xscbs.com

经　　销：新华书店

印　　刷：重庆紫石东南印务有限公司

开　　本：787mm×1092mm　1/16

印　　张：13

字　　数：213 千字

版　　次：2014 年 9 月　第 1 版

印　　次：2014 年 9 月　第 1 次印刷

书　　号：ISBN 978-7-5621-6856-0

定　　价：30.00 元

若有印装质量问题，请联系出版社调换

版权所有　翻印必究

《名师工程》

系列丛书

学术指导委员会

主　任　顾明远

委　员　陶西平　李吉林　钱梦龙　朱永新　顾泠沅　马　立　朱小蔓　张兰春　宋乃庆　陈时见　魏书生　田正平　张斌贤　靳玉乐　石中英　钱理群

编撰委员会

主　任　马　立　宋乃庆

编　委（按姓氏拼音排序）　卞金祥　曹子建　陈　文　邓　涛　窦桂梅　冯增俊　高万祥　郭元祥　贺　斌　侯一波　胡　涛　黄爱华　蓝耿忠　李韦遴　李淑华　李远毅　李镇西　李力加　李国汉　刘良华　刘海涛　刘世斌　刘扬云　刘正生　林高明　鲁忠义　马艳文　缪水娟　闵乐夫　齐　欣　沈　旎　施建平　石国兴　孙建锋　孙志毅　陶继新　田福安　王斌兴　魏　群　魏永田　吴　勇　肖　川　谢定兰　熊川武　徐　斌　徐　莉　徐　勇　徐学福　徐永新　严永金　杨连山　杨志军　余文森　袁卫星　张爱华　张化万　张瑾琳　张明礼　张文质　张晓明　张晓沛　赵　凯　赵青文　郑忠耀　周安平　周维强　周亚光　朱德全　朱乐平

《名师工程》系列丛书

征稿启事

《名师工程》系列丛书是西南师范大学出版社策划、组织出版的大型系列教育丛书。丛书以新课程下的新教学为背景，以促进施教者的教育能力为落脚点，以提高教育质量、提升教师水平为宗旨。

丛书首批推出的“名师讲述”“教学提升”“教学新突破”“高中新课程”“教师成长”“大师讲坛”“教育细节”“创新语文教学”“教育管理力”“教师修炼”“创新数学教学”“教育通识”“教育心理”“创新课堂”“思想者”“名师名课”“幼师提升”“优化教学”“教研提升”“名校长核心思想”“名校工程”“高效课堂”“创新班主任”“教育探索者”等系列，共160多个品种，其余系列也将陆续出版。为了让广大教师有一个交流、借鉴的机会，同时也为了给广大教师提供更多、更好的图书，《名师工程》系列丛书编辑出版委员会特向全国教育工作者征集稿件。

稿件要求：

1.主题鲜明、新颖，有独创性。

2.主题以提升教育能力为主，也可适当外延。

3.主题要有一定规模、有典型案例支撑。

4.案例要贴近教育实际，操作性强。

5.文章、书稿结构清晰，语言精彩。

书稿作者在选题确定之后，请及时与我们做好沟通，具体事宜确定好之后再进行创作；也欢迎用已经完稿的稿件投稿。一线教师如希望参与图书案例的创作，可联系我社策划机构，由策划机构备案，在适合的图书中参与创作。

真诚欢迎各位教师踊跃投稿。

联系方式：

西南师范大学出版社高教分社

电话：023-68254356　　　E-mail：zcj@swu.cn

西南师范大学出版社高教分社北京策划部

电话：010-68403096

E-mail：guodejun1973@163.com

编者的话

当前，以人为本的教育理念正在逐步深化，素质教育以及基础教育课程改革不断推进。在这场深刻又艰苦的教育改革中，涌现了无数甘为人梯、乐于奉献的优秀教师。他们积极探索、更新观念、敢于创新、善于改革，在实践中创造性地发展、总结了很多先进的教育思想、教育理念；创造性地开发了很多新的教学模式、教学内容和教学方法。这些新思想、新模式、新方法在实践中极大地提高了教学质量，是教育改革实践中的新内涵和宝贵财富。这些优秀教师就是我们的名师，这些新内涵就是名师的核心教育力。整理、总结、发展、推广这些教育新内涵，是深化教育改革、完善教育体制、提高教育质量、提升教师水平的一件大事。

教育，是民族振兴的基石；教师，是教育发展的根基。

胡锦涛在全国优秀教师代表座谈会上指出："教师是人类文明的传承者。推动教育事业又好又快发展，培养高素质人才，教师是关键。没有高水平的教师队伍，就没有高质量的教育。"十七大报告又进一步强调了必须加强教师队伍建设，不断提高教师的素质。当今世界，社会进步一日千里，科技发展日新月异，知识更新的周期越来越短。教师作为"文明的传承者"更要与时俱进，刻苦钻研、奋发进取，尽快提升自身素质和能力，为推动教育事业的健康发展贡献自己的力量。

基于以上，西南师范大学出版社策划、组织出版了大型系列教育丛书——《名师工程》。希望通过总结名师的创新经验、先进理念，宣传名师的核心教育力，为广大教师职业生涯提供精神源泉和实践动力，在教育实践层面切实推动从教者职业素养的提升。通过《名师工程》实现"打造名师的工程"。

丛书在策划、创作过程中力求实现以下特色：

一、理念创新，体现教育的人本精神

教师角色在以人为本的教育理念下发生了重大的变化，教师的素质和能力也面临更高的要求。如何弘扬、培植学生的主体性、增强学生的主体意识、发展学生的主体能力、塑造学生的主体人格等问题成为教师在目前教育中亟待解决的难题。丛书以教育管理者和教师为主要读者对象，通过教师综合素质的提高而将人本教育的思想落实到教育实践中，真正实现教育培养人、塑造人、发展人的本质要求。

二、全面构建，系统提升教师的教育能力

丛书选题的最大特点就是系统、全面地针对教师教育能力的提升而展开。施教者的能力决定教育的效果，教育改革的落实、教育效果的提高无不体现在教师身上。丛书针对不同教育能力、不同教学要求、不同教育对象，有针对性地设置选题。棘手学生、课堂切入、引导艺术、班主任的教导力、互动艺术、课堂效率、心灵教育等等，这些鲜明的主题从教育的细节出发，从教育实际情况出发，有针对性地解决问题，让教师在阅读中学有所指、读有所获。

三、科学权威，体现教育的时代前沿性

丛书邀请全国各地著名的教育工作者执笔，汇集在教育改革与实践中涌现的先进理念、成果和方法，经过专家认真遴选、评点总结而成，代表了目前教育实践中先进的教育生产力，具有时代前沿性，是广大一线教师学习、借鉴的好素材。

四、注重实践，突出施教的实用价值

丛书采用了通俗的创作方法，把死板的道理鲜活化，把教条的写法改变为以案例为主，分析、评点为辅，把最先进的教育理念和方法融入有趣的情境中。经典的案例，情境式的叙述，流畅的语言，充满感情的评述，发人深省的剖析，娓娓道来、深入浅出，让教师更充分地领会先进、有效的教育方法。

在诸多教育、出版界同仁的支持与努力下，《名师工程》陆续推出了《名师讲述系列》《教学提升系列》《教学新突破系列》《高中新课程系列》《教师成长系列》《大师讲坛系列》《教育细节系列》《创新语文教学系列》《教育管理力系列》《教师修炼系列》《创新数学教学系列》《教育通识系列》《教育心理系列》《创新课堂系列》《思想者系列》《名师名课系列》《幼师提升系列》《优化教学系列》《教研提升系列》《名校长核心思想系列》《名校工程系列》《高效课堂系列》《创新班主任系列》《教育探索者系列》等系列，共160多个品种，后续图书也将陆续出版。

丛书在出版创作过程中得到各地、各级教育部门与教育工作者的大力支持与帮助，在此一并表示感谢！

教育事业是全社会共同的事业，本丛书的出版一方面希望能对广大教育工作者有所帮助，共飨先进成果；另一方面也是抛砖引玉，希望更多的教育工作者参与到出版创作中来，百家争鸣、百花齐放，为促进教育事业的发展共同努力！

以问题为中心的教学
（代序）

陈剑峰

自从教学论专家马赫缪托夫创立问题教学论以来，以问题为中心的教学被大家公认为一种发展性教学，其优点是可让学生主动参与系统的、独立的探索活动，在问题情境的创设、问题的提出和问题解决的基础上构建自己的方法体系，因此，被广大教育者所采纳与运用。

近几年，我十分关注"问题教学"，在实践中探索以问题为中心的教学。这种教学就是把教学内容化作问题，以问题为纽带来组织教学过程的各个环节，把教材的知识点以问题的形式呈现在学生的面前，让学生在寻求、探索解决问题的思维活动中，掌握知识、发展智力、提高技能，进而培养学生发现问题、解决问题的能力。

一、以问题为中心教学的特点

以问题为中心的教学，要求教师打破按课文顺序逐段讲读的限制，抓住与理解课文密切相关的几个关键问题，引导学生深入阅读和思考，主要有以下几个特点：

1. 依据学习心理，突出学生主体。以问题为中心的教学是以培养学生自主意识和主动性行为为特征的探索活动，这是完全符合马克思主义的观点的。马克思说过：人是主体，自然是客体，主观性便是从客观世界的角度揭示人由受动变为主动、能动的特征。在教学中即是变"要我学"为"我要学"。"我要学"是基于学生对学习的一种内在需要，"要我学"则是基于外在的诱因。学生学习的内在需要表现在两个方面：第一是兴趣，第二是责任。学生有了学习兴趣，学习对他来说就不再是负担，而是享受。教学是在一定的情境下，通过问题的呈现展开的，使枯燥的、抽象的知识学习转变为问题的探索和解决，并在探索的过程中掌握知识和方法。如果问题由学生提出，则更能引发学生的学习动力。布鲁巴克说："最精湛的教学艺术，遵循的最高准则，就是让学生自己提问。"其次，学生在提出问题的同时，伴随着学习责任的产生，学生自觉地担负起学习的责任，学习才能真正实现自主。

以问题为中心的教学注重引导学生主动参与、亲身实践、独立思考、合作探究；注重培养学生提出问题、分析问题、解决问题的能力以及交流与合作的能力。培养学生主动提出问题的能力是实施素质教育的一个重要方面。以问题为中心的教学是以学生提出问题为前提，彻底打破了教师"以讲为主，以讲居先"的模式，调动学生学习的积极性和主动性，重视对学生自学能力和积极探索精神的培养和锻炼，提高了学生运用知识的能力和水平。

2. 实施问题驱动，激活学生思维。实践证明，问题是思维的"启发剂"，它能使学生的求知欲由潜伏状态转入活跃状态，能有力地调动学生思维的积极性和主动性。建构主义学习理论认为：知识不是通过教师传授的，而是学习者在一定的情境下借助于他人（教师或学习伙伴）的帮助，利用必要的学习资料和工具，通过意义建构的方法获得的。其教学设计原理强调：学生的学习活动必须与问题相结合，让学生在真实的教学情境中带着问题去学习，以探索解决问题的方法来驱动和维持学习者学习的兴趣和动机。所谓问题驱动，就是将所要学习的新知识隐含在一个或几个问题（问题链或问题群）中，学生通过对问题的分析、讨论，明确它大体涉及哪些知识，并找出其中的新知识，然后在教师的指导、帮助下找出解决问题的方法。

有经验的教师都很注意通过质疑问难和创设问题情境的方式，让学生在问题面前自求自得，探索思悟。他们或用提问法，直接将问题摆到学生面前；或用激情法，间接激发学生探求问题的热情；或用演示法，使学生因惊叹结果的微妙而去推论其原因所在；或用故错法，让学生在笑过之后再反思其中的乖谬等等。良好的问题情境对于提高学生的学习兴趣、激发学生的学习动机作用巨大。教师要根据语文学科的特点和学习者的特征，创设恰当的问题情境，让学生在问题情境的体验中产生问题意识、发现并提出问题。教师在提出问题和培养学生提问题时，要特别注意对教学有价值的问题。所谓有价值的问题应具备四个特点。(1)探索性：问题的提出是以学生现有的知识能力为基础，并有一定的难度，能引起学生积极思维；(2)启示性：启示学生掌握基本知识和基本技能；(3)扩展性：在每节课的具体教学中，可以由一个母问题带出若干个子问题，使问题有层次、成体系；(4)现实性：课堂教学问题情境的创设应从学生的日常生活和学习实际出发，使学生感受到学习知识的现实意义，认识到知识的价值，从而激发学生的学习兴趣。

3.讲究“布白”艺术，鼓励奇思妙想。所谓“布白”艺术，即指在教学中要留有余地，在学生利用想象填补空白的过程中，追求启发思维的艺术效果，达到启发思维的实效。因此，这种“布白”有利于激发学生的求知欲，提高学生探究并解决问题的兴趣。一般说来，如果教学中过于“实”，往往会使学生只能记住条条框框，囫囵吞枣地生搬硬套。唯有化实为虚，使教学中有问题可供学生思考、探索，才能形成无穷的意味、幽远的意境。亚里士多德指出：“想象力是发现、发明等一切创造活动的源泉。”没有想象就没有创造，学会创造必须善于想象。因此，我们在教学过程中，要善于捕捉课文中可延伸、可拓展，又能升华和突出主题的地方，鼓励学生发散、变通，进行奇思妙想，培养学生的创新意识，激发学生自主探究的学习兴趣。

4.提供必要帮助，及时进行评价。教师在解决问题的过程中是以指导者、促进者的身份出现的，具体教学任务的完成是以学生自主探索为主进行的。但是学生对新知识的认识往往是零散的，且是浅层次的，如何引导学生提出有价值的问题是教师首要的工作。具体来说，就是要设置好的情境、设计好的提问指南卡，并在教师的引导下进行概括、归纳和总结。同时，教师要把握时机，相机指导，促进学生技能的掌握和知识的迁移。

为了保证问题解决的顺利进行，还要对学生问题解决的完成情况进行评价。值得注意的是，学生学习的重心不再只是放在学会知识上，而且应该转移到学会学习、掌握方法和培养能力上。因此，教师不仅要对学生的基础知识进行评价，更重要的是要对学生的综合能力等因素进行评价。评价的内容包括：对新知识的理解、掌握和运用能力，自主学习能力，同学间的相互协作能力，提出问题的能力，解决问题的能力和创新能力。

二、以问题为中心的教学应遵循的原则

1.平等对话原则。以问题为中心的教学要行之有效地贯彻于教学实践中，首要的是教师必须转变以往教学中专制、独裁的角色为民主、开放的角色，师生共同营造一个民主、和谐、平等的教学氛围。师生是共同学习的伙伴，课堂是平等交流的平台，打破学生盲目崇拜教师的“从师”心理，鼓励他们敢于质疑、勇于发问、善于思考，共同构建教学共同体。真正体现以学生为中心，以全体学生的健康发展为目的的科学化、人性化的教学。

2.最近发展区原则。实际教学中，问题的设置切忌过于简单化或复杂化。其实，“设计是一个复杂的过程，包括许多技巧和活动。学生在成功完成包含许多技巧的活动时需要得到支持，比如：为了分析、理解所要陈述的问题和论点而设计情境，搜集信息，产生可供选择的解决方案，产生评价方案的标准等等”。故不论问题由谁提出，对问题的广度、深度和难度，教师一定要有适当的宏观调控，即深度要适中，难度要适宜，广度大小要恰当，恰到好处地引发学生积极思维，使学生的思维提高到最近发展区的水平，“跳一跳，摘到桃子”。

3.适时、聚焦原则。实践证明，教师准确地把握教学时机，有利于在思维的最佳突破口点拨学生，启迪学生的智慧。所谓“不愤不启，不悱不发”，即是要求教师在学生心愤求通、口悱难达，急需教师启示开导的时候，适时而教，点而导之，“时雨化之”，以收到良好效果。教师对问题要注意调控，不可出现问题一盘散沙，教学“四面出击”的情况；问题要保持“形散而神不散”，突出中心问题和主问题，尽量聚焦。课堂设计中要有问题链和问题群，所有问题需要有一个连贯的合乎逻辑的问题系统——问题连续体，使问题具有科学性、探究性、解决的可行性，有利于培养学生的创新精神和实践能力，促进学生人文素养的形成和发展。

4.因人而异原则。世界上没有完全相同的两片树叶，学生的思维个性更是百花争艳，各具特色。教师启发思维应注意学生的个体差异性，启发思维的重点难点、方式方法等必须因人而异。教师启发思维的个别追求，正是使课堂教学与因材施教原则紧密结合，增强其针对性的关键措施。另外，教师启发思维还应注意遵循学生的认识规律，循序渐进。学生的思维发展总是从具体到抽象、从个别到一般、从简单到复杂的，教师循其“序”而导引，可以使学生课堂思维活动富有节奏感和逻辑性。不过，有时故意打破顺序，使学生超越知识空白而跳跃前进，大胆设想猜疑，然后小心实验求证，也是发展学生直觉思维与创造性思维的途径。

5.预设性与生成性原则。在具体实施教学之前，教师一般都要首先考虑自己的知识结构、教学理论、实践经验，并结合学生的心理特征、认知水平、知识结构以及教学目标、教学内容等诸方面因素，综合考虑基于问题解决式教学模式中的问题的合理设置，即课前问题的预设。这需要教师付出艰苦的脑力劳动并准备好问题情境预设所必备的学具，因为学生的学习毕竟是一种间接经验的主观内化，他们学习的问题情境也是一种模拟的、预设的，经过比较、选择和优化的人工情境，这或多或少存在一些失真性和不可预料性。在教学活动中，学生作为鲜活的个体参与其中，有的学生进行着思维的“同化”，也有可能是思维的“异化”；而有的是思维上的“顺应”，也有的是思维上的“逆向”。这必然会引起对预设问题的不同反应，导致新问题的产生，并且可能存在一些解决不了的问题。这就需要教师正确对待问题的预设和生成。课后还需要对问题解决的效果和遗留问题进行跟踪，及时地形成反馈，以利于教学活动的改进。

基于以上认识，现就近几年在问题、问题连续体、主问题和问题群等方面进行的理性思考和实践摸索，撰写了《中学语文：名师问题群教学模式构建艺术》一书，求教于大方之家。是为序。

目　录

CONTENTS

第一章

问题群教学模式

第一节　问题的定义和分类

1. 问题的定义

什么是问题?《现代汉语词典》的解释是:①要求回答或解释的题目;②须要研究讨论并加以解决的矛盾、疑难;③关键,重要之点;④事故或麻烦。而笔者所论述的问题与之稍有不同,它是指个人面临的、不能用已有的经验直接处理的一种情境。美国学者纽厄尔和西蒙对问题的定义是:问题是这样一种情境,个体想做某件事,但不知道这件事所需采取的一系列行动。①

从教学的角度说,问题应该是能够引起学生思考的,学生想弄清楚或力图说明的东西。一个教学问题至少应具备三个条件:第一,它必须是学生尚未完全明确的,在学生通往目标的途中,不能很快地和直接地达到这个目标,从而引起学生认识上的矛盾、疑惑和心理上的紧张;第二,它必须是学生想弄清楚或力图说明的东西,要能够引起学生对它的兴趣,产生相应的探索欲望,并进入问题的探究之中,在解决问题时做出努力;第三,它必须是与学生的认知水平相当的,要能够让学生运用自己现有的知识和智力,经过努力探索达到目标,而不是让学生感到无论怎么努力也不能克服困难,因而灰心丧气。当然,问题之所以成为问题,是相对于特定学生的,对某一个学生来说是问题,对别的学生来说可能根本不是问题。正如英国科学家波兰尼所指出的:“问题只有当它使某人疑惑或焦虑时,才成一个问题。”②

① 何东玲,王涛. 对思想政治课教学中开放性问题的思考[J]. 中小学教材教学,2003(1).

② 周小山等. 新课程的教学设计思路与教学模式[M]. 成都:四川大学出版社,2002.

2. 问题的分类

问题无处不在，无时不有。根据问题内容及答案从未知到已知的过程，美国芝加哥大学心理学教授 J. W. 盖泽尔斯曾经把问题大致分为三类：呈现型问题、发现型问题和创造型问题。①

根据问题连续体理论，这三种问题是不等价的。

第一，呈现型问题。它的特点是：问题是给定的，方法是现成的，答案是已知的。即由他人呈现问题和方法，问题解决者只要按图索骥，就能获得与标准答案相同的结果。比如，学习《繁星》一文，提问作者冰心的基本情况。这类问题往往追求唯一正确的答案，不需要也无机会去想象或创造，因而总是压抑求异、质疑的精神，妨碍创造性的发挥。

第二，发现型问题。由问题解决者自己在特定的情境中主动发现问题、分析问题、解决问题。例如现在倡导的研究性学习，初中语文的专题学习《狼》，要求从寓言《狼》与毕淑敏写的《母狼的智慧》的比较中对狼进行评价。从人类知识角度看，这些问题也许并未提出什么新解，但对问题解决者而言，这是一种探索，是独立的发现。

第三，创造型问题。这类问题是人们从未提出过的、全新的。人类所有的发明创造都开始于这类问题。这类问题的提出与解决需要人们的创造性思维。

第二节　问题连续体内涵解析

一、问题和问题连续统

1. 问题及问题解决

一个人在生活中每时每刻都会遇到形形色色、大大小小的问题。那么究

① 张弓弼. 试论研究型课程学习中的发现问题和提出问题［J］. 中学政治教学参考，2002(11).

竟什么是问题呢？在英语里问题有两个相对应的词：Question 和 Problem。一般说来，Question 是指一些具有陈述性和简洁性的问答式问题，例如，“今天星期几”“你的家乡在哪里”，等等。Problem 是指一些必须经过主观的努力、周密的思考，并借助某些特定的有效程序才能完成的求解式问题，它具有程序性和复杂性。这些问题在语文习题中经常出现，需要学生对一些基本概念、基本定理有了充分的了解，再加上一定的思考才能解答出来。简而言之，Question 使学生学习或回忆陈述性知识，而 Problem 能使学生在知道陈述性知识的同时，学习程序性知识。

纽厄尔和西蒙(Newell & Simon)是这样给问题下定义的：“问题是这样一种情境，个体想做某事，但又不能马上知道对这件事所需采取的一系列行动，就构成了问题。”①简言之，问题就是主体确立了目标但又未能直接达到目标时所处的情境，这种情境对于个体经验而言是陌生的，仅凭现有经验和知识还不能认识。通俗地说，问题好比一个想要翻山的人所处的境况，当站在高山的这一边，一时翻不过山到那一边，那么，这座山就构成了问题。这座山使得主体和目标之间有了距离或空缺，这种距离就是问题，翻山的人所感到的空缺感就是一种问题空间，解决一个问题，就是要消除这个空间，这需要通过发现和取得必要的信息来完成。

2. 问题的类型

国际教学系统设计领域著名学者戴维·乔纳森根据问题的结构性维度，将问题分为良构问题和劣构问题两大类型。②

良构问题也称定义完整的问题，是指限定性条件的问题。最典型的良构问题的例子是应用题，要求学习者运用一系列概念和规则来解决一个定义良好的问题，通常学习者被提供了一堆关于某个情境的细节，可以运用什么规则和概念的建议，以及对解应该具备什么特点的要求，解法相对确定；代数问题有一个确定的求解过程，有各种概念和规则，还有一个正确答案，也是典型

① 陈琦，刘儒德. 当代教育心理学[M]. 北京：北京师范大学出版社，1997.

② Jonassen, D. (1997). Instructional Design Models for Well－Structured and ill－Structured Problem－Solving Learning Outcomes, ETR&D, 45(1).

的良构问题。

劣构问题，也称定义不完整的问题，是指具有少量确定性条件、多种解决方法和解决途径的问题。通常来说，解决这类问题可能需要整合不同内容、领域的知识，但是，因为这类问题与我们的日常生活实践密切相关，因而不仅趣味性强，而且对学习者很有意义。

在解决这类问题的过程中，学习者具有很大的主体能动空间。长期以来，人们普遍认为在课堂里学习到的解决良构问题的技能可以有效地迁移到解决现实世界的劣构问题中。事实上，两者间的关联性和迁移性是相当有限的。学校情境中的良构问题求解与日常环境中的问题求解是两回事①，二者之间有很大的不同，因此，区分良构问题和劣构问题是很重要的。但是良构问题和劣构问题并不是完全相互独立的两个实体，而是一个问题连续统，乔纳森认为这个问题连续统中存在两种不同性质的问题②，根据他的论述，我们可以用图形来表示，如图 1.1 所示。

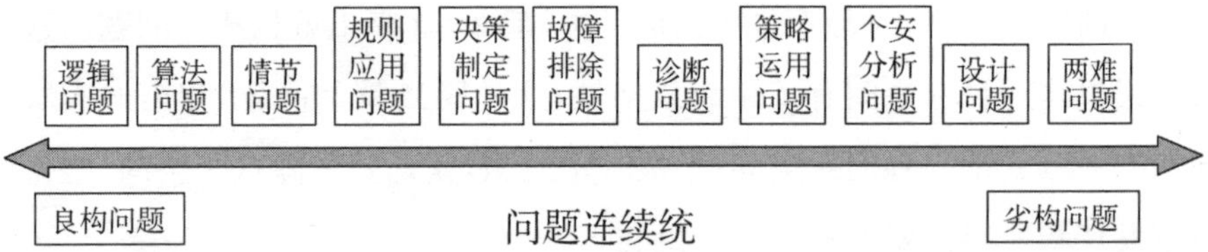

图 1.1　问题连续统

由上图可见，任何一个问题都可以在问题连续统中找到它相应的位置，并且在这个问题连续统中还可以表现出问题目标状态的明确性、构成问题领域的技能、可能的解决方法以及解决路径的数量。在日常生活和专业领域中，人们所遇到的问题经常是综合性的问题，因此，在课堂学习中，教师不仅需要让学生面对书本上的良构问题，还要适当地面对一些实际生活中的劣构问题，要提升问题的层次，帮助学生形成解决问题的能力，从而使学生成为一个全面发展的人才，而不是一个“书呆子”。

---

①　[美]Jonassen. D. 著，钟志贤等译. 基于良构和劣构问题的求解的教学设计模式[J]. 电化教育研究，2003(10).

②　Jonassen, D. (2000). Toward a Design Theory of Problem Solving, ETR&D, 48(4).

二、问题连续体

1. 问题连续体矩阵

在问题解决研究的基础上，美国人斯克维首先提出问题连续体这一概念，但他当时只把问题分为三类。随后美国亚利桑那大学的梅克教授在进行有关多元智能理论的教学实验时发现：学生各项智能的发展不仅有赖于其所拥有的核心能力，而且也受到问题解决策略的影响。鉴于此，她经过长达十五年的实验，创立了以培养和评价学生创造能力为目的的"问题连续体"，即在课堂教学中，以解决问题为基本教学策略，将传授知识与培养技能融合在一个统一的过程中，使学生循序渐进地由接受、掌握知识到灵活地运用知识解决实际问题，并发展为创造活动。这个连续体从教师和学生两个方面出发，以问题定义为中心、方法为中介、答案为结果，把从封闭到开放的问题类型变成一个连续的问题体系[①]。（见表 1.1）

表 1.1　梅克—斯维克的问题连续体

层次＼内容	问题		方法		答案	
	教师	学生	教师	学生	教师	学生
一类	已知	已知	已知	已知	已知	已知
二类	已知	已知	已知	未知	已知	未知
三类	已知	已知	多种	未知	多种	未知
四类	已知	已知	开放的	未知	开放的	未知
五类	未知	未知	未知	未知	未知	未知

从上表可以看出，构成问题连续体有三大要素：问题的结构（问题的呈现形式）、问题的方法和问题的结论。从第一类问题到第五类问题，结构性逐渐

① Make, C. J. & Sehiever, S. Enrichment and acceleration: An overview and new directions. InG. Davis and N. Colangelo (Eds.). Handbook of Gifted Education. P. 99－110 Boston: Allyn & Bacon, 1991.

递减，解决问题的方法及结论从一元到多元，同时，这五种类型的问题不是孤立的，而是一条直线上的几个点，它们既相互区别又相互联系。

2. 问题连续体内涵

在问题连续体中，问题是心脏。有了问题，思维才有方向；有了问题，思维才有动力；有了问题，思维才有创新。因此，需要对问题连续体中的五类问题进行详细的分析。

第一层次的问题大多是事实水平的封闭性问题，问题、方法和答案只有一个，而且都为教师所知。问题、方法学生也已知，但结果必须由学生求出。如：3 个苹果加上 2 个苹果，共有多少个苹果？这类问题对学生来说已经有了明确的方法，只需求出结果即可，因此，这对培养学生能力的力度最小，但却是不可缺少的基础性训练。该层次问题属于单一性问题，通常以了解个别范例的事实为目标，要求学生在事实感知的基础上解决问题。

第二层次的问题仍然是事实水平的封闭性问题，问题、方法、答案也各只有一个，都为教师所知，但学生只知道问题，并不知道解决问题的方法和答案，因此学生需要进行必要的推理等思维活动方能解决问题，得到问题的答案。例如：甲有 5 个苹果，乙比甲多 3 个，乙有多少个苹果？显然，学生需要先思考这类问题应该用什么方法来解决（加法还是减法？乘法还是除法？），因此，提升了对学生能力培养的要求。该层次问题属于再现性问题，以回忆知识为主，运用最多的就是对重点知识的再现性复习。

第三层次的问题是开放和综合的，问题为师生所共知，有一系列的方法和答案，但解决方法及答案对学生来说是未知的，要求学生运用一系列的方法来解决问题，其答案相应也是一系列的，即方法和答案都是多元的。该层次问题以形成概念、掌握规律或原理为目标，注意引导学生从个别扩展到类，再从类把握其背后的规律，因此，学生不仅需要完成抽象概括的过程，还要完成从系统化到具体化的过程。如：现有 6 个苹果，要分给甲乙两人，请问有多少种分法？很明显，问题的方法和答案都是多元的，学生在解题过程中实现了多元化思考。这类问题属于引导性问题，学生在教师的引导下，学会解决问题的多种方法，再通过这些方法总结出解决此类问题的实质和规律。

第四层次的问题是开放性的，问题是清楚的，但方法和答案师生都不知道，这种开放式的问题可能有多种方法解决，并可能有无数个答案或结论。该类问题要求学生运用所掌握的概念、规律或原理，把握该“范例”的上位主题，以解决主题范围内的定向问题为目的，引导学生发散思维、互动合作，从而解决问题。例如：果园里有100棵苹果树，组织100个学生去摘苹果，如何组织更合理？为什么？这类问题属于参与性问题，对学生的能力要求又进了一步，极大地发挥了学生的想象空间，在此层次问题解决的过程中，教师主要起引导作用，充分体现了学生的主体地位。

第五层次的问题是完全开放和综合的，问题、方法和解答对师生来说都是未知的，要求师生在主题范围内自行发现与主题相关的综合性问题，并自行提出解决方案，从而解决问题。因为解决问题的过程从开始到结束都是开放的，并且最终的结论依赖于学生不同的视角和价值观，需要学生最大限度地发挥创造性，学生在创造性地解决问题的同时也就完善了对人、对世界的态度和情感，形成正确的人生观和价值观。如：组成小组，参观果园，注意观察果园中的数学问题，发现问题，小组讨论，明确并界定问题，制订并评价解决方案。这类问题属于创造性问题，允许个人发挥最大限度的创造性，也要求个体具有发现或定义问题的能力。

在具体的课堂教学中，第一、二类问题仅在对重点知识的再现性复习时有作用，在其他教学环节中，这种没有任何思维量、没有给学生留下任何思考空间的问题应该被封杀；第三、四类问题都是以培养学生的能力为目标，但第三类问题侧重教师的讲授，且解决问题的方法与问题的答案对教师而言不具有生成性，第四类问题侧重学生的主体参与，且解决问题的方法与问题的答案对教师而言具有生成性和开放性；第五类问题可以与研究性学习紧密结合。

三、问题连续体与相关概念的比较

1.问题连续体与问题解决

问题解决是在问题空间中进行搜索，以便使问题的初始状态达到目标状态的思维过程,包括发现问题、分析问题、提出假设和解决问题四个阶段,具有一定的问题解决模式。同时,问题解决还是一种教学思想,这种教学思想提倡以问题为中心,进行适当的问题情境设计,帮助学生寻求解决问题的方法,从而掌握要学习的内容。而问题连续体作为一条纽带,可以使各类问题互相关联而成为整体,是一种问题分类体系,该理论的关键就是对知识进行详细的分类并把相应水平的知识归入恰当的问题层次,形成一定的"知识—问题"框架,从而为构建问题解决教学体系提供理想的框架依据,是问题解决教学模式的一种运用方式。

对于准备步入问题解决教学领域的教师来说,采用问题导学的教学策略,可以以问题连续体为参考,设计出不同类型的问题,这些类型的问题可以不连续呈现。在教学的某个环节或涉及某个知识点或教学目标时,教师可以采用某个或某些问题类型,有选择地、个别地与其他教学策略配合使用。问题解决在我国已经经历了以问题导学为特征的探索阶段,目前已进入了在借鉴多元智能理论的基础上,以问题连续体的运用为特征的发展阶段。

2. 问题连续体与问题连续统

问题连续统在劣构问题和良构问题之间又细分了十一类问题,旨在使学者们认识到问题不能被单纯地列为良构还是劣构,问题是具有连续性的,但是对问题的具体分类及作用没有做详细的区分,还是一个比较抽象的概念。问题连续体则从问题、方法与答案三个维度对问题进行了更具体、更详细的说明,从而形成了一个明确的问题矩阵,并突出了问题解决对开发学生潜能、形成能力的作用。问题连续体的教学思路为我们打开了一扇窗,使教师能够自觉地应用这种思维模式思考教学内容、设计教学方案,从而培养教师的学科逻辑,同时也有利于培养学生的创新性思维,也能指导教师在教学活动中疏导学生的思维逻辑。

3. 问题连续体与多元智能

问题连续体是培养创造思维能力的一种方法,是多元智能理论应用的一个支派。

从问题连续体的产生就可以看出，它与多元智能理论有着密切的联系，问题的提出、问题的解决方式方法以及问题的结果都是多元多维的。所以说，问题连续体从理论上来说是一个由五种结构性递减的问题构成的连续体，但它不是单向的，而是一个双向的结构，纵向为根据多元智能理论划分的不同的智能领域，横向为根据五种问题类型设计的不同的问题解决层次。多元智能理论使问题连续体获得有力的理论支持，多元智能理论也需要通过问题连续体中不同的问题类型实现其多元理念。

多元智能教学不仅使教学生动化，而且有利于教学的个性化，而问题连续体有助于教学过程的深化、整体化、系统化。可见，两个理论紧密相连、密不可分，在多元智能理论的指导下，利用问题连续体进行教学，无疑为我们处于困境的语文课堂教学改革带来一丝曙光。

第三节　主问题的内涵、特征及主问题教学的设计策略

一、主问题的内涵

主问题的研究对象首先是问题，研究的是“教什么”的问题。王荣生博士认为，语文知识可以从以下四个方面来进行界定：(1)从涉及范围看，是关于语言文学、听说读写的概念、原理、技能、策略、态度等的知识；(2)从存在的状态看，包括语感和语识两种；(3)从语文知识的现实看，指学校语文知识，已经纳入语文课程与教学的知识；(4)从学习的角度看，是将纳入语文课程与教学的人类知识(语识)转化为学生的个人知识。①

语文知识的分类也有很多种。过去有字、词、句、篇、语、修、逻、文的分法；20 世纪 80 年代有语言学知识、文学知识、文章学知识的分法；如今可以分为语感和语识。本书按照陈述性知识、程序性知识和策略性知识的分法。

---

① 张霞儿. 走进文本 走进课堂：问题和问题解决策略[M]. 宁波：宁波出版社，2010.

语文阅读课使用的是文本，教学的对象是学生，在一个教学设计的单位时间内，我们不可能将所有的语文知识全部涵盖，语文教师首先就要决定教什么问题。如郑桂华老师所说："一篇课文存在着许多教学价值点，教学设计不仅要关注文本的核心价值，更要抓住'语文核心价值'。重点挖掘课文隐含的语文学习价值，重点训练学生对语言的感受能力和表达能力，重点完成语文课应该完成的教学目标。"①

主问题概念的核心在于对"主"的理解。主问题教学是一种教学样式，用提问或问题的形式把文本的核心知识转化为学生的学习任务，指向课堂教学目标。和一般性问题不同的是对"主"一词的理解。"主"是最重要的意思，区别于"全部"的问题；"主"是正面、主要的意思，区别于辅助、次要的问题；"主"是主干、主线的意思，区别于子问题。由此，我们可以认为主问题是教师根据文本制订了教学目标后，在学生课堂学习活动中，能够串起阅读教学进行深入探究的课堂主干问题。

笔者认为，主问题是引导课堂教学进程的问题，它应该是提纲挈领、可以指挥"千军万马"、能引起学生兴趣、牵引力大、覆盖面广的好问题。"提领而顿，百毛皆顺"说的就是这个道理。课堂提问不能小而碎，不能直白得答题距为零，让学生一看就懂，一读就会。提出的问题要有质量、有思维的深度，要有适当的答题距，能牵一发而动全身。

阅读教学中的主问题，是指能够在阅读教学中使学生整体把握课文，促进学生的参与性，引发学生的思考、讨论、理解、品味、探究、欣赏的重要提问或问题，有的老师把它称为中心式问题或上位问题。

陈晓丽老师在《牵一发而动全身——浅谈语文阅读教学主问题的驱动作用》一文中写道："阅读教学中的'主问题'，与之对应的是课堂教学中零碎肤浅的、活动时间短暂的应答式提问，它是指在对课文阅读教学过程中能起主导和支撑作用，能从整体参与性上引发学生思考、讨论、理解、评析、创造的重要性提问或问题。"陈老师是从阅读教学作用的角度来理解主问题的内涵的。

祝新华老师在《阅读教学课堂提问：主问题设置》一文中，认为能引导和

① 郑桂华．听郑桂华老师讲课[M]．上海：华东师范大学出版社，2007．

调节学生出示思考成果的问题，开放式的问题，能引导学生较深入地梳理课文的问题是主问题，也可以叫作核心问题。这是从提问的不同层次来阐释主问题的。

余映潮老师认为："主问题是在阅读教学中能够对教学内容'牵一发而动全身'的'提问''问题'或'话题''活动'，是引导学生对课文进行深入研读的重要问题、中心问题或关键问题。研究主问题，实质研究的是课堂提问的技巧。"①

一般性的课堂提问是指教师使用询问的形式，帮助学生理解课堂教学内容的教学行为。但往往提问演变为课堂上的应答式提问或问题，在教学中表现为思路零碎、思维肤浅、时间短暂的问题。传统的阅读教学提问是以教师的备课为主，课堂上将教案中的问题一一提出，往往是将生动的文本肢解成碎片，然后逐一讲解与分析，并穿插学生的回答，没有主动举手的学生，就点名回答。教师的解读代替了学生的思考，以概念化、抽象化的结论取代了学生的个性化解读。

基于这种情况，在语文阅读教学中设计出主问题，可供学生深读深究文本，能够贯穿全文而进行个性化阅读。主问题在教学过程中常常发挥着"以一当十"的力量，具有"一问能抵许多问"的艺术效果，这是主问题与一般问题的区别。语文课堂有主问题作为支撑，对解读课文就会起到"牵一发而动全身"的功效。整篇课文的文脉、语言的赏析、富含的精神意义就会像抽丝剥茧一样丝丝理顺。

目前对主问题的研究已经有了初步的成果，已经涉及提问技巧层面和功能层面。很多研究都阐述了在阅读教学中应该"怎么问"，但都停留在教学方法层面的探索。从教学的课堂技术的角度而言，主问题设计的研究是语文教师对教学技巧的研究，是对课堂教学关键的技术问题的研究。

用主问题来建构学生的课堂活动，用主问题来制约课堂上无序的、零碎的、频繁的问答，师生间的对话活动能带来流畅扎实的、效率较高的阅读教学过程。

---

① 余映潮.余映潮的中学语文教学主张[M].北京：中国轻工业出版社，2012.

二、主问题的特征

参照一些教师的研究，加上本人的实践和思考，我把主问题的特征概括为如下五个方面。

一是主导力。主问题在教学中的作用主要为：第一，“问”中有丰富的知识暗示；第二，主导教学进程，鲜明地表现教学思路和教学层次；第三，开发学生智力、能力。主问题使学生在课堂上紧张阅读、自主探寻、有效答问，能够最大限度地激发学生探求的热情。

例如：《故乡》一文是初中语文各种版本教材必选的经典篇目。如何才能把名家名篇教得精彩，教出亮点？我们必须突破传统教学思维的窠臼，运用新课程理念进行问题设计。我认为对《故乡》做一个精当的主问题设计可以起到以一驭十、提挈全篇的作用。

在教学开始提出这样一个问题：通篇浏览课文，你能用一个字来概括此次回故乡时故乡给“我”的印象吗？

“用一个字概括印象”，这是一个新鲜有趣又有一定深度和广度的问题。同学们七嘴八舌之地讨论后统一为“变”。接着同学们怀着很大的兴趣研读课文，探讨交流，在老师的指导下，品析了故乡的前后变化。

人变了——闰土从勇敢活泼的“小英雄”变成了愚昧麻木的“木偶人”，杨二嫂从年轻时有名的“豆腐西施”变成了外形如“圆规”般的市侩老女人。

景变了——二十年前的故乡是美丽神奇的，二十年后的故乡是萧瑟阴晦的。

情变了——二十年前闰土跟“我”有兄弟般的友谊，二十年后闰土与我之间已经有了一层可悲的隔膜。

然后，学生探讨为什么会发生这些变化。在探讨中，同学们理解到了旧社会的压迫扭曲了人的心灵，封建等级制度、等级观念使得人与人之间产生了可怕的隔膜。

没有声、色、光、电等多媒体手段的渲染，也没有热闹非凡的辩论、说唱、表演，只一个“变”，就串起了《故乡》的整个阅读品析过程，串起了对小说中人物、情节、结构、语言等内容的探究欣赏。

这堂课围绕一个“变”字，开展文本阅读、师生对话及思辨、交流，做到“牵一发而动全身”，表现出问题的主导力，显示了教者的智慧。我们看到经典的课、大气的课有这样三条标准：情节不多、环节不细、问题不碎。

二是凝聚力。由于教学中的主问题涵盖了全文内容，覆盖面极大，因此，课堂也就成为所有学生展示自己才华的舞台。每一位学生都享有充分的学习自由，孩子们充分体会到语文学习中的创造感和成就感，从而在课堂活动中形成学生共同参与的凝聚力，也就能深深吸引学生长时间地研究。

下面的《〈白毛女〉选场》这个例子，是上海市特级教师徐振维老师的一个教例。在预习的基础上，教师在讲析中提了四个主问题。

一、你能不能找出例子，说明人物的动作是符合他的身份和性格的？

（学生列举“杨白劳畏缩地看看四周”“穆仁智轻薄地用灯照喜儿”“杨白劳一层层剥开包有红头绳的小纸包”“杨白劳大惊、昏迷地颤抖着”等例，分析人物的身份和性格。）

二、说明语言也是符合人物性格和身份的，不同的人对同一事物有不同的语言。

（师生就“杨白劳眼里的‘灯’与黄世仁眼里的‘灯’”“杨白劳与穆仁智关于‘找地方说理’的对话”等进行分析讨论。）

三、从同一人物对同一事物前后不同的语言，理解人物的性格在变化。

（教师引导学生重点分析杨白劳的“逃避 → 忍耐 → 侥幸 → 哀求 → 反抗 →愤怒”的性格发展曲线。）

四、上面分析人物语言与身份性格的关系都是通过一段一段的话或者一句一句的话来进行的，能不能从人物的只言片语来分析人物的身份和性格呢？

（师生分析，黄世仁为把喜儿骗到手，七次喊“老杨”，后来本性暴露，口口声声喊了十几声“杨白劳”。由此可见，一个简单的称呼，也能反映人物的性格。）

从课堂教学的总体设计看，此为“抓纲拉网式”教学。这堂课的“纲”，就是分析语言、动作与人物的身份、性格之关系；这堂课的“网”，就是教师设计的四个主问题所涉及的有关知识内容，教者提纲挈领，纲举目张，利用四个问题切切实实地把课文从整体上各有重点地挖掘了四遍,不仅文体教学的特征分明,而且教学容量之大,令人惊叹。

从教师所设计的四个主问题看,这节课呈现了一种板块式的课堂教学结构。每一问题,都引发一次研究、一次讨论、一次点拨。四个主问题形成四个教学板块,结构清晰且逻辑层次分明;每个教学块板集中一个方面的教学内容,既丰富、全面,又显得比较深刻,充分体现了主问题的强大凝聚力。

三是牵引力。传统阅读教学,往往按知识点肢解课文,以求得逐点落实,因此问题提得很碎,问题与问题之间相对孤立。而主问题是经过高度概括、提炼的,是一种能引动整体性阅读的教学问题,它对课文内容和教学过程有着强烈的内在牵引力,这种牵引力就像一条无形的链子,不仅能将文本中的各个知识点串联起来,而且使学习过程显得更清晰、有效。

例如,教学《白杨礼赞》一文,可以在学生充分预习的基础上,开门见山地提出这样一个主问题:作者充满激情地赞美极其普通的白杨树,其目的是什么?这个主问题一提出,这篇课文的其他问题就可以一一解决。

第一,它可以突破课文的难点。这篇课文的难点是通篇采用象征的写法。有了这个主问题,就可以引导学生思考:作者写白杨树是不是就树写树?是不是另有用意?“树”与“人”的关系如何?主问题就把“树”“人”融合在一起,引发学生去领会全文的思想内容。第二,这个主问题也暗示了本文行文的顺序,即由树及人,由此及彼,由表及里。第三,这个主问题还暗示了本文所运用的几种写法。课文除象征外,还有通过描写来再现白杨树的外在形象,通过议论、抒情来揭示白杨树的内在精神。第四,课文的抒情线索也隐含其中。

总之,教学这篇课文,一开始就提出一个统领全文的主问题,确实能起到提纲挈领、事半功倍的课堂教学效果。

四是支撑力。由于主问题的设计着眼于带动对课文整体的理解品读,着眼于引导学生长时间的、深层次的课堂学习活动,每一次提问或问题设置都能形成和支撑课堂上一个较长时间的教学活动板块。一个内涵丰富、能牵动对全篇理解、具有提纲挈领性质的主问题,具有强大的支撑力,它给了学生深入文本、咬文嚼字、细心体会、比较选择、自由表达的广阔空间。

例如《枣核》一课的教学设计。

1. 通读全文，迅速领会全文主题：依恋故土。

2. 以"依恋故土"为中心进行"一词经纬"式教学。

第一步，理解对故乡的依恋表现在枣核上。阅读课文，品味"航空信""再三托付""在车站等""殷切地问我""托在掌心""像比珍珠玛瑙还要贵重""揣"以及"想……想……想……想……"的游子心境。顺带对课文运用悬念的表达技巧进行理解。这就是：几颗生枣核，悠悠思乡情。

（过渡：珍爱枣核，就是依恋故土；后花园的家乡味，也是依恋故土。）

第二步，理解对故土的依恋表现在花园中。花园的特点是充满家乡味道——垂柳、睡莲池。最凝集思乡情的是花园中的制作——北海。品味"亲手""细心人""小凉亭""红庙""白塔"的表达作用。最生动地表现思乡情的是追忆北海。品味"时常在月夜""眼前就仿佛闪出一片荷塘佳色"。这就是：设景造物，追忆联想，情系故乡。

（过渡：课文写友人的依恋故乡之情是与友人富裕的生活连在一起的，为什么要这样写？）

第三步，带出对环境的描写，对友人家庭的描写。家庭事业都如意，各种新式设备都有了，可浓浓的思乡情却是"年纪越大，思乡越切"。这就有力地烘托了友人的思乡之情和课文的主题。

第四步，顺势品读课文的点题段：改了国籍，不等于就改了民族感情，而且没有一个民族像我们这么依恋故土的。

点拨：民族感情——实质上就是爱国感情。

为什么说这个教学设计不落俗套？此课一般的教学方案是以枣核为线索，牵连起全课的教学内容。如按要枣核、受枣核、话枣核的层次进行，或按索枣核、候枣核、问枣核、托枣核、揣枣核、谈枣核的更细的层次进行，这种教学设计的一个毛病就是把文章后面的一部分——做"北海"、忆"北海"也纳入"话枣核"中去，这就有悖于文章的逻辑层次。以"依恋故土"为主问题教学，一线串珠，勾连了全课的四个主要活动板块，牵引了学生的阅读思考活动，因此以"依恋故土"提挈全文的教学，可谓"提领而顿，百毛皆顺"，具有很强的支撑力。

五是扩张力。我们说，设计极具价值的主问题，不仅直接指向文本精神内核，更具有强大的拓展、延伸能力，促使学生们细心阅读、积极探索、踊跃思辨。

例如《藤野先生》第一课时教学。

学生已经预习过课文，了解写作的背景。教师在有效地铺垫之后提出了一个问题：藤野先生是一个怎样的人？

要求：阅读全文，综合全文内容，结合具体事例表达见解。先自读课文，并拟出发言要点。

藤野先生是一个________的老师。

一是学生发言，认为藤野先生：

(1)是一个认真负责的人；

(2)是一个治学严谨的人；

(3)是一个关心学生的人；

(4)是一个热情诚恳的人；

(5)是一个求真务实的人；

(6)是一个没有狭隘的民族偏见的人；

……

二是跟踪提问：

作者对藤野先生怀着怎样的感情？哪一点最令他感动？

三是学生讨论，教师点拨：

藤野先生的可贵品质使鲁迅无比钦佩并久久怀念，这正是鲁迅强烈的爱国主义思想情感的反映。

教学中的主问题就是“藤野先生是一个怎样的人”。这个问题在教学中主导着、牵引着教学进程，表现出执一而驭万的力量，这个问题带起了对全篇课文的研读，这是“执一”；学生在教师的点拨下，为理解课文内容，明确人物形象而进行圈点勾画、分析比较、抽象概括等一系列活动，参加讨论、辨析、评说等课堂表达活动，课堂上由这一个问题而形成明显的长时间的学生活动板块，这是“驭万”。这样的主问题具有较强的扩张力，使课堂节奏明快、流程顺畅，学生思维积极，课堂活跃。

与课堂教学中一般的碎问相比，主问题有着自己鲜明的特点。第一，主问题是经过概括、提炼的，是教师精细阅读课文与精心思考教学的思想结晶，是一种可以引动整体性阅读的教学问题，课堂上常见的“是”或“不是”之类的简单回答在它面前无能为力。第二，主问题在教学中出现的顺序是经过认真考虑的，一节课中的几个主问题，其出现的先后是一种科学有序的安排，它们各自在教学的一定过程中发挥自己的作用，避免了一般提问的随意性。第三，主问题对课文内容和教学过程都有着内在的牵引力，每一个问题都能构建起课堂上一个教学活动板块，它不会像随口问答的问题那样转瞬即逝。所以，主问题是阅读教学中立意深远的、高质量的课堂教学问题，是深层次课堂活动的引爆点、牵引机和黏合剂，在教学中显现出以一当十的力量，具有一问能抵许多问的艺术效果。

我们说，语文是富有生命力的，是负载着形象与情感的存在，而承载着它们的是文本。只有当教师充分地认识文本、解读文本，设计出符合文本精神内核的主问题，才能真正使课堂丰盈而灵动，才能使学生的思维积极而主动，才能使课堂教学有效和高效。

三、主问题教学设计的功用

所谓主问题，是相对于课堂上随意的连问、简单的追问和习惯性的碎问而言的。它指的是课文研读教学中能牵一发而动全身的问题。主问题是理解一篇文章主旨的钥匙，也是一堂课教学价值的依托，还可能是教学的切入点，它针对本堂课的重点目标，统领课堂提问，贯穿课堂流程。

主问题设计研究的是课堂提问艺术，着力于具有少、精、实、活特点的关键问题的研究，所追求的是一问激起千层浪的艺术效果，在教学实践中对于提高语文教学水平具有以下积极作用。

（一）有助于深入理解文本，整合教学内容

主问题设计有利于简化头绪、突出重点。主问题设计用少而精的纲领性问题组织阅读教学。这样的课堂，教学内容明确，教学环节、板块清晰，教学主线单一，必然有利于简化头绪、突出重点，能够在一定程度上避免教学内容

过多的弊端。

主问题设计有利于课文的整体阅读。主问题的本质特点是牵一发而动全身，它强调的是对课文整体的把握和概括。设计到位的主问题能够有力地引领学生对全篇课文的整体感知、整体理解和整体赏析。

主问题设计不仅要抓住几句话、几个词去深入体会，而且要层层剖析文本内在的组织结构，进行有条理的文本细读，这样才能品味出作者的匠心独运、精妙构思，才能对文本有一个更宏观的认识，从而更好地设计课堂教学活动。

以《孔乙己》为例，文中在写酒店生活时，一个“笑”字贯穿了全文，孔乙己在笑声中出场，在笑声中活动，又在笑声中走向死亡，这笑就是麻木不仁的笑。可笑之人必有可笑之处，孔乙己可“笑”在哪里？如此，我们就可以根据这个来设计教学了：先让同学们找一找文中谁在笑，笑的是准？为何而笑？如此一来，孔乙己可笑的外貌，可笑的神态、动作、语言，可笑的人生目标与可笑的一钱不值的尊严，作者哀其不幸、怒其不争的愤懑，封建教育制度的腐朽，封建科举制度的罪恶……便在“笑”中逐一解读出来了。

主问题设计的前提是教师的文本细读，这是阅读教学设计的根本，没有文本细读，那么所有教学技巧的运用，都可能成为作秀与表演。教师本身对文本没有深度触摸，对文字没有反复咀嚼，就不会对文本有深入细致的把握。唯有在文本细读的基础上把文本装进心里，和文本融为一体，才能把握文本的整体结构，品味文本的巧妙构思，主问题教学设计才能出神入化、游刃有余，才能实现教师、学生、文本之间真正的心灵沟通。

（二）有助于合理安排程序，优化设计梯度

主问题是对课堂进程有巨大牵引和控制作用的问题，通常是以问题群的形式出现，能够推动教学的进程，引领教师和学生的教学实践。在设计主问题时应该安排好两个程序。一是主问题之间的程序。一节课或一个教学板块中的几个主问题的出现，要兼顾知识点的逻辑关系和学生的认知规律，要做到先易后难，层层推进。二是主问题和细节问题的程序。主问题通常是纲领性问题，它的解决必须以大量细节问题的解决为前提，教师在设计主问题

时应该合理安排好主问题和细节问题的程序，推想学生可能呈现的回答，梳理这些回答，并以此为起点设计提问，如此循环往复，形成具有较强逻辑性的问题链，实现主问题的设计。

比如我在执教《藤野先生》这一课时，设置了两个层进式问题：(1)通过作者与藤野先生交往的四件事概括藤野先生的品质特点；(2)在与藤野先生的交往中，一定发生了很多事，作者为何就选取了课文中的四件事呢？第一个问题是训练学生从具体事件中自己进行概括的能力，第二个问题是让学生理解如何选择典型材料来凸显主旨。通过这样的问题，拓展学生思考的深度和广度，由浅入深，最终获得整体性知识。再如，在进行《曹刿论战》的教学时，以“论”为切入点，展开为三个问题：问题一，战前论，论可以战的条件；问题二，战后论，论战胜的原因；问题三，艺术特色欣赏，从文章的人物描写、选材的详略或对比映衬手法中任选一方面进行品析。这三个问题从提炼信息到细节欣赏，到写作特色，步步深入，也传达给学生一种阅读同类文章的方法，可以进行阅读的迁移，达到举一反三的效果。

（三）有助于开展基于学生“学”的教学活动

主问题的设计基于学生的认知基础和特点，围绕教学目标按由易到难、由浅入深等逻辑序列逐层推进，换句话说，就是基于学生的“学”来开展教学活动。而且每一个主问题所支撑的教学板块都是一个持续时间较长的、深层次的阅读活动，学生能够充分利用时间进行阅读、思考，开展团队探究、合作和交流等，并能够循序渐进，在阅读实践活动中体验、思考，形成新的学习经验，学会阅读方法，培养阅读能力，提高语文素养。

阅读，“读”为先，正所谓“读书百遍，其义自见”“故书不厌百回读，熟读深思子自知”。课堂阅读教学中的“读”，特指“诵读”，是出声地读。

例如，特级教师余映潮老师的《散步》朗读课的教学流程：

师：“理解文意”这个活动，我们就进行到这里，下面我们进入朗读课文的学习活动。建议你这样朗读课文：

1. 中速、深情地朗读课文，好像作者写完文章后欣赏自己的作品一样。

2. 读好文中的波澜，好像你一个人在扮演着故事中的几个角色一样。

3.朗读课文最后一段，好像你是带着深深的体会给人家做示范朗读一样。

余老师的高妙之处是通过“朗读主问题”的设计，让学生按照不同要求进行朗读，在朗读中进行文本章法妙处的体验，进行情感、态度、价值观的体验。这种新颖的朗读设计，还原了朗读的真实价值，凸显了朗读的内涵与魅力，而且也优化了教学，使朗读成为实现语文教学中人文性与工具性有效统一的桥梁与纽带。

一个优秀的语文教师，应当在课堂上创造各种各样的机会，运用各种不同的朗读方法，如教师示范朗诵、学生表演朗诵、名家配乐朗诵、个别读、小组读、全班齐读……让学生沉浸在声音的世界里。

（四）有助于提升思维能力，锻炼口语表达

思维能力是一种学习能力。人的思维源于知识，产生于问题，在问题中不断地发展、深入，最终高于问题，使问题得以解决，并能激发新的问题，进行创新，进而有新的发现。主问题设计不仅要强调学习的知识，更要引导思维的过程，并通过学生的语言表述，将思维过程展示出来，语言成为思维的外在表现，这也是语文阅读课教学的目标指向。

如《春酒》教学案例：

1.把酒话作者：了解作者，进入情境。主要从琦君散文风格入手，以家乡为背景，展现的是中国农村社会的风土人情。

2.品酒忆故乡：自由朗读课文，找出最能体现作者怀念故乡和惆怅的句子。想一想，作者怀念的仅仅是家乡的春酒吗？

3.煮酒论亲人：作者擅长用细节描写来表现家乡过年的习俗。谈谈这种细节描写的作用。

4.杯酒蕴深情：作者为什么能在几十年后，还对家乡的生活细节难以忘怀，在文中描写得那么细致呢？用我们的声音来读出这种地道家乡味。

5.拓展迁移：余光中的《乡愁》有着深远的影响，因为它道出了许多游子的心声。思乡是远离故乡的人都会产生的一种情绪，叶落归根，对故土的眷恋不舍，是人之常情，也是永远无法割舍的感情。欣赏《乡愁》。

这是琦君的思乡文章，春酒、会酒，醉了母亲，醉了“我”，也醉了无数读者。这浓浓的人情民风，如今还有吗？或许这是思念生养自己的故乡，或许这又是向往心灵的故乡。要这样读，才能品出其中的情感和趣味。设计本文的主问题，要理解作者把许多的童年片段汇集于“思乡”这个焦点上，这一切又都围绕家乡的味道展开。设计的主问题各自发挥着不同的作用，读、品、析、悟贯穿全文，力求能够在深刻理解文本的基础上深化学生的思维，并通过不断的“谈话型”问题表述出来，锻炼语言的表达能力。

作为一线教师，我们能做的就是立足于日常教学，从自己的一节课、一个教案、一点反思中探究语文阅读教学的价值，从语文知识的层面确定教学内容，设计出少而精的主问题来组织课堂教学进程，实现语文教学的基本任务：培养学生的语言能力、表达能力和阅读理解能力。要通过每一节课中这少而精的主问题来实现这样艰巨的任务，主问题的设置就更显关键。

四、主问题教学设计“五度”管窥

主问题的构建，不仅为学生的自主阅读赢得了时间，也为阅读时抓住重点赢得了机会。而这样的双赢又从根本上保证了研究与阅读的有机整合。教学中的主问题设计对牵动学生对文本的深刻理解，提高学生品读的质量，凝聚学生的阅读注意力，提升学生思考的层次，有着不可替代的作用。根据文本的不同特点，巧妙地选择切入的角度，能有效地激发学生的兴趣，引领学生真正走进文本，促进思维的发展，不断提升学生的语文素养。而设计主问题时需要注意以下“五度”。

一是注意设计的角度。阅读教学过程中，主问题设计角度的选择并不是一种主观的定位，而是结合了教师的独创性、教材及学生实际的产物。它需要足够的教学知识、教学经验和把握课堂教学的能力；对角度的要求应力求准确和新颖，对问题的设计也需要一定的技巧。这不但需要对教材有正确的认识和理解，还需要更多的灵感和创造。选择好的角度切入是引导学生迅速进入课文情境，充分调动学生参与热情，突破教学重点与难点，提高课堂教学效率的重要手段之一。

进行主问题设计时，可以从课文的题目入手，从关键词或关键句入手，从情感的聚焦点入手，从激发学生的创新思维入手，从文章的矛盾处入手，从文章的留白处入手，从作家的“创作谈”和其他作家对作品的评析入手，也可以从事件的发展变化和人、事、理之间的关系入手。

如教学《鲁提辖拳打镇关西》，我就从小说的主要人物之间的关系入手，设计了一个主问题：文中人物鲁提辖、镇关西、金氏父女，他们是怎样互相对待的，各分三个步骤说明。

围绕这一主问题，引导学生理顺小说的情节变化，鲁提辖对金氏父女是一问（为何哭），二赠（赠银两），三救（救出虎口）；镇关西对金氏父女是一占（霸占金翠莲），二弃（抛弃金翠莲），三诈（诈骗银两）；鲁提辖对镇关西是一要（消遣他），二揭（揭其罪），三打（三拳打死）；镇关西对鲁提辖是一从（顺从伺候），二拼（拼命），三求（求饶）。

通过这样的梳理，人物关系一目了然，情节发展条理分明，鲁提辖的形象也呼之欲出了。

二是注意设计的广度。例如《谁是最可爱的人》这一课例。

师：魏巍同志告诉我们，《谁是最可爱的人》中的三个事例，是从大量的生动事例中精选出来的，是最有代表性的。那么，魏巍同志为什么选择这三个事例呢？这三个事例有哪些方面的代表性呢？请同学们从不同的角度、不同的侧面思考。

学生活动，讨论。

学生一：我认为这三个事例的时间不同。松骨峰战斗写的是打仗时的事，马玉祥救儿童写的是打完仗从阵地上下来的事，而“谈话”写的是休息时的事。三个事例发生在三个不同的时间，包括了战士们的一切活动，这三个事例是有代表性的。

学生二：我认为这三个事例所在的地点也不同。松骨峰战斗写的是战场上的事；马玉祥救儿童，写的是路上和朝鲜老乡家里的事；防空洞谈话，写的是防空洞里的事。这三个事例代表战士们各种活动的主要场所，这样写是有代表性的。

学生三：我觉得这三个事例人与事也不一样。第一个事例写的是与敌人打仗，第二个事例写的是救朝鲜儿童，第三个事例写的是一个战士的心里话。

三个事例写了集体，也写了个人；写了打仗，也写了打仗以外的事；写了战士的行动，也写了战士的思想。所以这三个事例是有代表性的。

学生四：我认为这三个事例分别表现了志愿军战士的三种不同思想感情。松骨峰战斗表现了对敌人的恨，马玉祥救儿童表现了对朝鲜人民的爱，防空洞谈话表现了对党、对祖国、对人民的无限忠诚。这三个事例把志愿军战士对敌人、对朋友、对祖国的感情写出来了，是有代表性的。

学生五：我认为三个事例分别表现了志愿军战士三个方面的崇高品质。松骨峰战斗表现了志愿军战士的革命英雄主义精神，马玉祥救儿童表现了志愿军战士的国际主义精神，防空洞谈话表现了志愿军战士的爱国主义精神。

解答这些问题，需要对全文有一个比较全面、明确与系统的了解和感受，必须建立在对整篇课文整体把握的基础之上，否则便不能完成这些问题的解答。

这是一个开放的教学设计，教师把学生深深地引入对课文的品析之中，又很好地拓展了学生思维的空间。

三是注意设计的深度。例如等级教师宁鸿彬老师执教《皇帝的新装》的教学实录中，文本的核心知识是通过这样的主问题设计进行学习的。

师：下面准备读课文。读完之后，请你们用一个字概括这篇童话的故事情节。

生：我认为用“蠢”字来概括，因为皇帝和那些大臣的言谈举止都特别蠢。

生：我认为用“骗”字概括。就是“骗子”的“骗”，因为开始是骗子骗皇帝，后来发展到皇帝、大臣、老百姓骗自己。

师：首先，大家可以使用“排除法”，把不切题的答案排除掉。我们回忆一下，刚才我是怎么提出问题的。我说的是：谁能用一个字概括这篇童话的故事情节。

余映潮评价宁鸿彬老师的课堂教学是“妙在这一问”，这一问涉及的是程序性知识，学生在一种探究性的情境中进行学习。这种学习活动是在教师运用主问题设计中生成的。这堂课充分体现了学习活动充分展开的三个要点：有较充分的时间保证、学生的学习经验有较充分的表达和交流、学生在学的过程中形成了新的学习经验。问题具有一定的难度，需要学生有较强的概括力和思维力。

四是注意设计的梯度。下面《愚公移山》教例是这样设计的:抓住“平险”这个短语引发教学内容,重点分析、讨论课文的写作技巧和主要人物的艺术形象。

师:《愚公移山》这个故事有其发生的原因,请大家想想并找一找,文中哪个词能起引发故事的作用。(“平险”——愚公的一个想法和举措,引发了一个动人的故事。)

步骤一:分析讨论故事的写作技巧。

1. 愚公要“平险”,“险”在哪里?(找出故事的背景。)为什么要“平险”?(故事的开端。)“平险”是如何进行的?(这是故事的发展。)围绕着“平险”出现了形形色色的人物,他们是……(对故事的人物进行分类。)

2. 推动故事情节发展的主要手段是?(人物对话。)有两次对话显现了故事的曲折和波澜,能否找出来?(顺势分析愚公妻和智叟对愚公“平险”的态度以及这两个人物在故事情节中的作用,穿插有表情地背诵愚公与智叟的对话。)

3. 故事中还有一个生动的细节。(分析“遗男”在故事中的作用。)

步骤二:分析讨论愚公的人物形象:课文是怎样表现愚公这个人物的?

(1)正面描写——语言、行动。(愚公确知“平险”之利,有远大的抱负。)

(2)鲜明对比——智叟。(重点分析愚公与智叟的对话。认识:愚公明察“平险”之理,有其正确的认识。)

(3)侧面烘托——山高、路远,操蛇之神惧、帝感其诚。(愚公有万难不屈的“平险”精神。)

学生概括愚公形象的特点。

再概括《愚公移山》的主题。教师点拨:愚公移山的成功,反映了我国劳动人民改造自然的伟大气魄和坚强毅力,也说明了要克服困难就必须下定决心、坚持不懈的道理。

这个教案的设计是很细心的。不少的人忽略了寓言的特点,淡化了寓言常用夸张的手法描写人物,将深奥的生活哲理和道德教育寄寓于故事中的特点,不带领学生去正确地捕捉《愚公移山》的寓意,反而设置一些“是不是蛮干”“决策是否正确”“为什么不考虑搬家”“要不要科学办事”之类的“化虚为实”的问题引发课堂讨论，结果偏离了教学与教育的主旨，无谓地浪费了课堂教学时间。

其次，教学主线饱满而且清晰。教师创造性地抓住“平险”这个短语，成功地串起了课文的艺术特点分析和人物形象分析，两次分析的活动量很足但又不会过难，问题虽然不多，却很讲究问题出现的层次性，特别是对愚公形象的分析，不仅注意到了细腻，而且更注意到准确——从人与自然斗争的角度表现“人定胜天”的思想，从所做事情的公益性、正义性表现人物的精神风貌。

五是注意设计的灵活度。宁鸿彬在教《蚊子和狮子》这篇寓言时，没按照常规进行教学，而是考虑了三个步骤，进行主问题设计，对学生进行求异思维的训练。

第一步骤：读课文并复述课文。要求是：假如你是蚊子，请你用第一人称把这个故事说出来，在不违背课文原意的情况下，可以在心理活动、语言、动作等方面做些扩充。这一复述要求具有灵活性，不是现成材料的重复，而是作为第一人称的蚊子在讲故事。这就要求学生从实际出发，随机应变，要变顺序、变角度、变方式来讲故事。

为了使学生理解寓言中三个角色和这则寓言的寓意，教师设计了第二步骤：假如你是一个单位的领导，现在你要选拔基层干部，供选择的人只有三个，就是蚊子、狮子和蜘蛛，而又必须从中选择一个，那么，你逃择谁呢？为什么选择他？

学生谈了自己的见解：有的选蚊子，有的选狮子，有的选蜘蛛，并各自分析了它们的优缺点。因为这一问题本身有多种答案，只要分析正确、有道理即可。这一设计具有多样性，学生们多方向、多角度地思考问题，分析问题，达到了理解课文的目的。

第三步骤：口头作文训练。题目《蚊子撞到蜘蛛网上以后》，要求是：在符合原意的情况下，展开想象，给原文补充一段情节。学生思考了一下之后，做出了各种各样的补充。这一设计训练了学生思维的独特性，需要学生在理解课文内容的基础上，运用自己的语言，重新组合构思，做创造性发挥，具有灵活度。

美国心理学家吉尔福特提出了“求异思维—特性论”，指出了求异思维的多端性、变化性和独特性。这位教师设计的三个步骤，完全符合求异思维的三个特征，优化了学生思维流程，学生在轻松愉快中接受了思维训练，掌握了课文的主旨。

所以，教师在设计此类主问题的时候，必须充分注意到它的灵活性，而不能僵化地看待问题与答案。

以上提到的这些阅读教学中主问题设计的度，应根据教学内容、施教对象和执教者个人情况而定，并非一成不变。在主问题教学中，一篇课文的教学可以只提一个主问题，也可以把若干个小问题提炼成大问题，选择一两个主问题研读来深究。

五、主问题教学设计的切入角度

阅读教学过程中主问题设计角度的选择并不是一种主观的定位，而是结合了教师的独创性、教材及学生实际的产物。它需要足够的教学知识、教学经验和把握课堂教学的能力；对角度的要求应力求准确和新颖，对问题的设计也需要一定的技巧。这不但需要对教材有正确的认识和理解，还需要更多的灵感和创造。选择好的角度切入是引导学生迅速进入课文情境，充分调动学生的参与热情，突破教学重点与难点，提高课堂教学效率的重要手段之一。

那么，可以从哪些角度入手对不同的文章进行主问题设计呢？

1.从课文的题目切入

题目是文章的眼睛，甚至是文章的灵魂。一篇文章的题目往往体现了作者别具匠心的构思。从课文的标题入手设计主问题，可以抓住文章的核心。

例如，唐诗《白雪歌送武判官归京》的教学从题目入手可以这样设计：

由题目看，本诗由两部分组成：白雪歌这部分咏雪，是写雪景；送武判官归京这部分则写送别。请据此划分文章结构。

再引导学生思考：本诗前半部分写雪，突出了塞外雪景怎样的特点？后半部分写送别，抒发了诗人怎样的思想感情？

通过思考，学生能认识到这首诗前 5 句咏雪，描写了边塞绮丽的雪景；后 4 句则写送别朋友，抒发了诗人送别友人时依依惜别、无限惆怅的感情。全诗情景交融，意蕴无穷。这样，围绕主问题，学生很快就能理清诗歌结构，了解诗歌的主要内容。

整个教学过程都是由这个主问题牵引，在问中理解，在读中感悟，学生自读、自悟、自解、自练，极大地发挥了个人和集体的智慧，调动了学生的积极性，充分体现了以教师为主导、以学生为主体的意识，优化了课堂教学结构，使学生的各种语文能力在提出问题、解决问题的过程中得到提高。在这个过程中，学生既感受到了语言的魅力，又提高了阅读能力，提升了语文素养。

2. 从情感的聚焦点切入

语文教材中，很多不同文体的文章都蕴涵着深厚的文化思想。优美的写景散文在让学生感受语言美和构思美的同时，更应让学生领悟到的是自然之美和生活之美，激发学生热爱大自然、热爱美好生活的情感。优秀的叙事抒情散文往往用最动人的故事感动人，用最真诚的情感感染人；在跌宕起伏的故事和浓浓的情感里使学生体会生活的喜怒哀乐，思索人生的哲理。小说是生活的影子，更是思想的宝库。在这里，我们可以引导学生领略到古今中外不同时代社会的缩影，挖掘到许多思想珍宝。

例如《济南的冬天》是一篇文质兼美的散文，可以把重点放在情景交融的体会上面。设计的问题如下：

（1）济南其实并不非常美，但作者笔下的济南却是一个令人神往、令人难忘的好地方，究竟是为什么呢？

（2）济南的冬天美在哪里？请找出来，读一读，品一品。

（3）这些美丽的景色能体现济南冬天什么样的特点？

这样的问题设计更易让学生进入文本，走近作者，感受到作者对济南的深厚感情，领悟到“一切景语皆情语”的写作境界。

3. 从激发学生的创新思维切入

设计问题的出发点是希望学生读出问题，读出自我，读出智慧。以开放性的问题引导、激励学生进行思维拓展、发散、迁移，可以培养学生的创新精神和良好的思维品质。

如在教学《变色龙》这篇课文时，可以通过这样的问题设计来帮助学生更好地把握人物的性格：

(1)接下来奥楚蔑洛夫会去干什么？

(2)如果他第二天去拜访将军，将会出现怎样的情景？请加以描述。

这些问题能很好地调动学生的想象力与学习兴趣，只要老师多加鼓励，学生所发现的问题也许是我们老师都未曾想到的。读书用脑子，装书用箱子，有些人读一辈子，读到终了，也不过是个书箱子而已。一个好的读书人，读到最后会有这样一种境界：知识犹如漫山遍野的石头。他来了，只轻轻一挥鞭子，那些石头便受到了点化，变成了充满活力的雪白的羊群，在天空下欢快地奔腾起来。如果通过我们的课堂教学，能够让学生学到一点读书的方法，培养良好的读书习惯，那么慢慢地也能够达到这样一种境界，这也正是我们语文老师所期望的。

4.从文章的分歧点或矛盾处切入

学贵有疑。有些课文涉及的问题很有争议性，这时，针对分歧点设计主问题，必能使学生产生浓厚的探索兴趣，达到“一石激起千层浪”的效果。杭州市教研室方顺荣老师在教授《孔乙己》一文时，采用的设计就简化为三个教学问题：

(1)小说最后一句写道：“我到现在终于没有见——大约孔乙己的确死了。”你认为孔乙己到底是死了，还是活着？为什么？

(2)孔乙己为什么会死？(要求从文中筛选重点语句，进行理解、归类，多角度分析孔乙己死亡的原因。)

(3)你是否同情孔乙己这个人物？为什么？你对孔乙己这个人物是否怨恨？为什么？

看似简单的三个教学问题，目标指向非常集中，对孔乙己生死的判断，巧妙结合了人物形象的分析，而对孔乙己死因的探究，则重在揭示孔乙己这一人物形象背后隐含的社会意义。第一问引导学生仔细阅读文本，然后根据孔乙己最后一次来酒店的惨状，到终于没有再见到他、掌柜没有再提十九个铜钱的事实确定孔乙己已死，期间可以对“大约”“的确”的说法进行分析。而最后的一个问题，既需要学生对形象的理解，又需要学生审视自己的人生观和价值观。学生通过文本阅读，筛选有效信息，并对这些信息进行综合分析，最终形成了关于人物形象和文章主题的多层理解。

5.从文章的留白处切入

在我们的语文课本中，有许多留白的地方，这种手法与绘画中的留白有异曲同工之妙。在教材中，这些留白，给了学生无穷遐想和无尽感悟的空间，常常可以激发学生用灵动的思维对文本进行个性化的解读，深化对课文的理解。教师要以独特的视角、敏锐的悟性挖掘文本中的训练点，设计教学主问题，让学生植根于课文，想象于书外，通过想象补白，促进学生的语言生长，培养学生的创造性思维。

例如在讲授《范进中举》一课时，可以设计这样一个主问题：“范进中举后做官，你觉得他会做一个好官吗？”此问题可以加深学生对封建科举制度毒害知识分子的认识。又如在《捕蛇者说》的教学中，可以设计这样一个问题：“如果你是当时的统治者，看到柳宗元这篇文章后，会做何感想？”而在《我的叔叔于勒》的结尾可以设计这样的问题：“想象一下，如果菲利普夫妇在船上又发现一位百万富翁像于勒，他们会怎样？”这样，既可以充分激发学生的创新思维，又可以加深学生对作品的理解。

6.从学生的学情切入

山东省青年名师朱则光说过：“学生的学情永远是教师教学的原始出发点，一切为了学生，应当成为教师的课堂生命姿态：教学的准备是‘学生’——以学生的眼光审视文本；教学的序幕是‘学生’——着眼于调动学生的情感；教学的起点是‘学生’——从学生的心头扬帆起航；教学的过程是‘学生’——教师要贴着学生教；教学的归宿是‘学生’——让学生激动一阵子，更要管用一辈子。”

我们要时时处处为学生着想，把自己的阅读思路转化为学生的阅读过程，把自己的阅读感悟转化为阅读教学策略，让学生“虚心涵泳，切己体察”（朱熹语），感受言语的活力，全面提高语文素养。

如：讲授鲁迅先生的《社戏》一文时，将本文的情节从“事情”的角度概括为“随母归省——钓虾放牛——戏前波折——夏夜行船——船头看戏——月下归航——归航偷豆——六一送豆”八段情节以后，根据七年级学生的年龄特点、情感特点、兴趣特点设计了两个主问题：

(1)你读哪一段情节觉得最有趣味？说说理由。(2)你认为文中哪个段落或句子写得最精彩？说说理由。

因为文中有很多充满童真童趣的情节可以调动学生童年生活的体验，触及了学生的兴趣点、情感点，所以学生们说得兴味盎然。

主问题设计的切入点、难易度要紧扣学生的认知点、兴趣点、情感点，教学才可能取得高效。

7. 从作家的“创作谈”和其他作家对作品的评析切入

作家的“创作谈”可以帮助我们了解作品，其他作家对作品的评析，往往体现着丰富的创作经验。

《范进中举》是我国清代杰出的现实主义长篇讽刺小说《儒林外史》中的一个段落。在教学中可以设计这样一个主问题：“本文出自《儒林外史》，鲁迅先生曾经高度评价过《儒林外史》的讽刺艺术，说它‘秉持公心，指擿时弊；机锋所向，尤在士林；其文又戚而能谐，婉而多讽’。请就此结合课文进行分析，谈谈自己的理解。”

这种“借脑式”的主问题设计大大提升了学生对文本的理解力。通过研读文本，学生就可以深刻体会到作者吴敬梓在作品中讽刺了因热衷功名富贵而造成的极端恶劣的社会风习，以及他对科举制度和封建礼教毒害知识分子的强烈批判。

总的来说，阅读教学中的主问题设计就是用精、少、实、活的问题激活课堂，有效地简化教学头绪，使教学内容于单纯之中表现出丰富，于明晰之中透露出含蓄，这种高屋建瓴的设计风格直指教学目标，有利于达到教学效果的最优化。

第四节　问题群的定义及类型

一、问题群定义

所谓问题群，就是针对某一教学主题，从不同角度设计并列或递进的多个问题，或者在某一教学过程中设计一系列问题。它是根据每堂课的教学目标、教学内容和教学重难点，拟订有内在关联、逻辑性强的一系列问题，并将为何设计这样的疑问、如何寻求解决问题的方法等贯穿课堂教学的始终，清晰地展示"置疑——质疑——探究——释疑——反思——应用"的教学过程。

二、问题群的类型

语文课堂中的问题群设计形式多种多样，可以是针对某一个问题而设计的层层深入的纵向问题群，也可以是针对一系列问题而设计的横向问题群，或其他形式的问题群。而从为课堂服务的问题群看，语文课堂中常用的问题群主要有以下几种，它们各有其特有的教学功能。

1. 引入性问题群

引入性问题群，即教师在课前精心设计一个让学生感兴趣的问题群，而该问题群与课堂所讲内容紧密联系，这样比较容易吸引学生的注意力，激发起学生强烈的求知欲，学生通过亲身体验或讨论交流获得感性或理性认识，为本节课的成功讲解打下基础，同时该问题群又能够为后面的教学埋下伏笔。

这样的问题群的好处在于通过学生已经掌握的旧知识进入最近发展区，教师运用归纳、演绎、类比等方法进行指导，再通过学生的亲身体验，将新旧知识有机衔接，在旧知识已经掌握，而新知识又有感性认识的基础上，为导入新课扫障铺路、牵线搭桥。

2. 诊断性问题群

诊断性问题群，即教师在课堂上针对学生容易出错的知识点，精心设计一系列有针对性的问题群，在学生犯错误时，教师或者其他学生指出错误所在，使学生在被纠错的过程中获得真知。研究表明，教学中只向学生介绍成功的方法和途径，会破坏学生对语文思维的神秘感和好奇心，降低课堂效率。

设计诊断性问题群的好处在于通过学生犯错误而引起其对知识点的高度重视，在纠错的过程中提高学生分析问题、解决问题的能力。

3. 探究性问题群

探究性问题群，指教师在课前准备一些与课堂内容有关的资料或素材，让学生自己在阅读或整理的过程中独立地发现问题，由于问题群是学生自己发现的，学生就要想方设法解决问题，从而能有效地培养学生的科学探究能力，促进学生构建起自身知识结构。

这种问题群的好处在于让学生自己动手查阅资料，整合现有知识，去发现问题，探究问题。这种问题群具有很强的实践性、参与性和开放性，也留给学生足够空间，有利于培养学生的独立探究意识、创新精神和创新能力。

4. 迁移性问题群

美国心理学家 M. L. 比格指出：“学习的效率，大半依靠学生们所学的知识可能迁移的数量和质量而定。”可见知识的迁移是影响学生学习效率的一个基本问题。

迁移性问题群，指学生将先前已学得的经验（如概念、原理、技能、技巧、技术、态度、方法等）改变后应用于新情境，迁移性的问题能够从横向或纵向孕育其他重要问题的解决方案，且这种问题群已经突破了传统的单一的知识体系，使学生获得高度概括化的知识、经验和技能。但此问题群效果是否显著，必须看学生掌握基础知识和基本技能的牢固程度。

5. 递进式问题群

递进式问题群，指教师根据事物之间的必然联系和相关知识点，特别是重、难点内容，精心设置问题情境，环环紧扣，逐渐深入，引发学生的认知冲突，使学生处于一种“心求通而未达，口欲言而未能”的不平衡状态，进而促使学生主动参与探索知识的过程。

递进式问题群符合耶克斯多德森的动机理论。随着任务难度的增加，动机最佳水平呈下降趋势。教师设计问题群时，要考虑到学生的最近发展区，问题的跨度不能太大，跨度太大会让学生无所适从，降低学习动机；问题也不能设计得太细，太细将缺乏内容的系统性，不利于培养学生认识的整体性。

6. 总结式问题群

总结式问题群一般设计在课堂教学或章节内容结束时进行。总结式问题群能够将一节课零碎的知识点串成一串，或将一个章节的知识点形成一个系统化、结构化的网络结构。总结式问题群能够帮助学生唤起知识回忆和形成系统的知识结构。

总结式问题群既能起到梳理知识、加深理解、强化记忆、形成技能的作用，又能使学生养成边学习、边总结的学习习惯，使他们不仅学会知识，而且会学知识，使复习的针对性大大提高，教学效果事半功倍。

第五节　问题群教学模式的内涵

一、问题群教学模式的定义

建构主义理论认为学习是获取知识的过程，知识不是通过教师传授得到的，而是学习者在一定情境下，借助其他人的帮助，利用必要的学习资料，通过意义的建构方式自己获得的。其核心思想是通过问题解决来学习。“建构主义是认知主义的进一步发展，是近来颇为流行的、迅速扩大影响的理论。尽管在建构主义的旗帜下存在着许多不同的观点，但建构主义者都强调学习是学生主动建构的过程。”①

基于对建构主义学习理论的理解，我把问题群教学模式做了如下的界

① 陈厚德.基础教育新概念：有效教学[M].北京：教育科学出版社，2000.

定。问题群教学模式是把问题作为教育教学的途径，教育教学是以问题为中心进行的一种教学模式。问题群教学模式以提出问题并组织成群为基础，以解决问题为中心，通过发现问题、生成问题、分析问题、解决问题等步骤去实现语文阅读课教学的三维目标，注重问题之间的相互衔接、环节上的紧密相扣。问题群教学模式从提出问题开始，通过组织成群的问题，到有效地解决问题结束。

二、问题群教学模式的心理学基础

思维是人脑反映事物的一般性和事物之间的规律性联系，以及以已有的知识为中介进行推断和解决问题的过程。由于思维总是与问题联结在一起，而问题既是思维的起点，又是思维的动力，所以，越来越多的心理学家认为，问题性也是思维的重要特性之一。心理学研究表明，意识到问题的存在是思维的起点。没有问题的思维是肤浅的思维、被动的思维。“思维的问题性表现为人们在认识活动中，经常意识到一些难以解决的、疑惑的实际问题或理论问题，并产生一种怀疑、困惑、焦虑、探究的心理状态，这种心理又驱使个体积极思维，不断提出问题和解决问题。对于思维的这种问题性心理品质，称为问题意识。”①

问题群教学模式是把问题作为教学的核心，以问题为中心进行教育教学的一种教学模式。笔者提出并运用问题群教学模式的依据便是这种教学模式符合学生的思维活动的规律，也符合培养学生积极地思维这一要求。

三、问题群教学模式的核心

问题群教学模式下的学习是以问题为中心进行的一种教学模式。问题群教学模式体现的是解决教师与学生双方的问题。一切创新都始于问题的发现和提出。重视问题在教学中的作用并因之运用相关的教学方法，这在当前课堂上并不鲜见。

---

① 张欣.试论研究性学习中的学生角色转换[J].东南大学学报(哲学社会科学版).2001(4).

问题群教学模式既注重由教师设问、学生回答来解决教学中的重点和难点，也注重让学生分组相互设问、相互回答或学生提问、教师回答。模式的特点是将问题组织成群，以成群的问题设问和回答为主要形式，层层推进，环环相扣，将教学的重点和难点由浅入深、由易到难、由表及里、由此及彼进行层次性解决，形成波浪式、递进式的课堂教学结构。它要求设计问题要科学，结构要合理，设问要巧妙，问题要衔接，逻辑要严密，分析要透彻，重点要突出，解决问题要彻底。可以这样说，这种教学模式对改变传统的一言堂和满堂灌的陈旧模式，充分发挥教师的主导作用和学生的主体作用，培养学生的自学能力、辨别能力、逻辑思维能力、创造能力和语言表达能力具有一定的积极作用。

四、问题群教学是开放的过程

问题群教学模式下所进行的教学过程始终是开放的过程。开放式课堂珍视教学进程中的不确定性和非预期性，倡导突破课堂教学的预期目标和既定计划的限制而走向开放的创造天地，从而使教师的教育智慧和学生的创新人格能够得到比较充分的表现。开放性是这一教育模式的基本特征。问题群教学模式的运用既注重知识，又注重能力；既注重认知，又注重情感体验。问题群教学模式的目标具有开放性：强调富有个性的教学活动过程，关注师生在这一过程中获得的丰富多彩的体验和个性化的创造性表现。问题群教学模式的教学过程具有开放性：打破学校、教室、教材有限的教学空间，鼓励课堂向社会延伸，向自然延伸，向生活实际延伸。问题群教学模式在学习行为、成绩的评价上具有开放性：不仅允许对问题的解决可以有不同的答案，而且鼓励学生独辟蹊径，进行创造性思维，其评价也具有开放性。

第六节　问题群教学模式对教师素质的要求

教师素质是教师的一种稳定的职业品质。它与人的先天禀赋有关系，但更多的要通过科学教育和自我提高而形成具有一定时代特点的思想、知识、能力。具备一定的职业素质，对于运用问题群教学模式至关重要。

一、教师首先要具备强烈的问题意识

教师的问题意识是实施问题群教学模式的前提。这是教师转变观念的要求，也是教师转变观念的重要体现。教师要发挥在教学过程中的主导作用，必须具备强烈的问题意识。

要培养学生的问题意识，教师首先要有问题教学意识。学生有没有强烈的问题意识，能不能发现问题并提出问题，在很大程度上取决于教师如何引导学生发现问题，是否经常鼓励学生大胆提出问题。教师本人是否具有问题意识，是否具有质疑和批判精神，是否有承受学生大胆质疑的心理素质，是否明确问题教学的目的，是否意识到培养学生问题意识的重要性，是教师有无问题教学意识的表现，教师在教学实践中养成了问题教学意识，无疑会为学生问题意识的培养创造有利条件。

笔者认为，无论怎么强调教师的问题意识似乎都不过分。教师应不断扩大自己的知识面，努力提高素质，做到有问必答，凡答必妙。同时，教师还应树立问题意识，做到时时引导提问，处处激励解答。只有具备强烈的问题意识，才有可能多方设问，多层次解答，在创设问题情境上下功夫，在提问技巧上多思谋 。

二、教师要真诚地保护学生的问题意识

学生一旦有了问题意识，就会对问题的解决产生兴趣，同时对知识本身产生兴趣，从而有一种想要学习的心理倾向。在初中语文课教学中，新知识往往是从原有知识或现实生活中的现象引入，以这些有实际背景的现象激发出学生的问题，并尽可能地用语言或文字表述出来。我们在教学中采用问题指南卡的形式帮助学生提出围绕课题的问题，同时使学生的原始问题能以文字的形式保留，对了解学生、改进教学是非常有益的。

问题群教学模式是一种开放的教学模式，向教师提出了新的挑战。教师一方面要努力学习以充实自己；另一方面，遇到拿不准的问题，要承认自己的不足，采取平等、开放、诚实的态度，和学生共同研究思考，从而达到教学相

长。同时，教师适当露拙，对形成激励思考、勇于创新、不怕出错和露短的氛围大有好处。否则，教师遮遮掩掩，只会扼杀问题。运用问题群教学模式不仅需要教师具有不怕被问倒的勇气，保护学生的问题意识，更要多一些宽容。狭隘的自尊、偏激的观念、狭窄的心胸无法良好地运用问题群教学模式。

问题意识和能力的培养是一个长期工程，在此过程中，教师要多鼓励，对学生积极参与提出问题、解决问题的行为及时加以肯定。皮格马利翁效应告诉我们，对学生期望越高，学生成功的概率就越大，教师的信任可以化作进步的动力。相反，冷嘲热讽、不恰当措辞则会扼杀学生的上进心。运用问题群教学模式，对于学生提出的幼稚、古怪的问题一定要持宽容的态度，要允许学生出错，允许改正，允许保留，欢迎质疑，欢迎争辩。通过一步步引导，促使学生走出幼稚，培养较强的问题意识。

其次，给学生自由思考的时间和自主探究的空间。教师不应在课堂上包办，而应把时间和任务还给学生。让学生能在课堂上有充足的时间自学思考，提出有独到之处的问题，从而激发学生的学习兴趣，提高学生的创造思维能力。

三、教师需要不断提高自身的素质

1. 教师需要不断提高自身的素质以拥有深厚的教学功底

运用问题群教学模式不仅需要教师具有不怕被问倒的勇气，也需要教师有经得起问的学识、能力，拥有深厚的教学功底。

语文教师要系统地把握所教学科的知识，把握学科的知识体系，洞悉知识之间的内在联系。懂得教学所要遵循的相关原则，掌握各种先进的教学方法和手段，把握教学规律，并能把教育学、心理学知识运用到教学实践中去，授课条理清晰，灵活驾驭教材。

语文教师应该根据学科特点，认真领会教材内容。不仅如此，还需要广泛而真诚地学习社会科学和自然科学知识，以做到在教学中旁征博引，左右逢源。广泛涉猎，使自己的知识面是宽广的，知识的根基是牢固的，知识的运用是自如的。

"除了学科性知识，教师知识中包含了大量实践性知识，它是教师在教育教学的活动中实际运用与表现出来的知识。学科性知识并不能直接导致教师在实际教学情境中的正确选择与行动，教学中师生互动的情境性与复杂性，决定了教师并不是简单地运用所学的学科性知识，而是在长期的教育教学实践中，以一种'在行动中反思'的方式，不断发现问题，采取对策，借助于反思与批判升华实践经验而形成实践知识。"①

2. 教师需要不断提高自身的素质以准确地把握时代脉搏

一要不断加深自身的学科知识基础，并根据最新学术研究动态更新知识。语文学科的知识面非常广，几乎涉及所有学科。所以语文教师一定要不断地吸收知识，使自身的基础越来越雄厚，才能不断地更新自己所提出的问题和提问时的材料，使自己的课堂教学永远保持吸引力。因此，问题群教学模式的运用要求教师具备相当的教学水平和良好的教学技能。为此，教师需要不断提高自身的素质。

随着信息时代的到来和发展，教师的角色应从信息源与知识的传播者变成学生学习的促进者和辅导者，成为学生探索问题的引导者、学生情感体验的指导者。有了新的角色意识，教师才会不断深化"吾生也有涯而知也无涯"的意识，自觉树立终身学习的观念，关注社会实际，吸纳各个学科的知识；才会促使自己去不断发现、研究和解决新问题，并鼓励学生进行积极的思考和探索，促使师生在课堂教学中围绕问题互动合作，共同提高。

四、要善于激发学生的问题意识

美国教学法专家斯特林·G.卡尔汉认为："提问是促进学生的思维，评价教学效果，以及推动学生实现预期目标的基本控制手段。"恰当地运用课堂教学的提问技能，能有效地提高教学质量。但现实的语文阅读课堂教学中，提问却是教师的专利，认为整个教学只需有目的、有计划、有组织地按照教师设计的问题一个个地解决，学生就可以理解知识，牢固掌握所规定的知识内

---

① 李琼、倪玉菁.从知识观的转型看教师专业发展的角色之嬗变[J].华东师范大学学报(教育科学版)，2004 (12).

容，这是严重影响学生产生问题意识的原因之一。学生是学习中的主体，具有自主能动性。

如果只求课堂秩序良好，有条不紊，而不调动学生提问的积极性与胆识，是很难真正提高教学质量的。再者，教师把问题作为教学的出发点，教师、学生适时提问、反问，并由教师指导学生讨论答疑，最后总结，这种形式虽然具有启发性，但如果提出的问题不是关键性的，不富有挑战性，也不能激起学生已有认知结构与当前研究课题的认知冲突，就会流于形式，这也会消磨学生产生问题意识的积极性。

五、教师应具备多元教学评价的意识

教学评价本质上是一种价值判断活动。问题群教学模式对教师教学评价能力提出了新的要求。传统的教学评价方式更多地倾向于以预设的知识、技能目标是否达成作为主要甚至唯一的评价标准。这种单一的评价标准在问题群教学模式的运用中是有重大欠缺的。因为问题群教学模式的运用体现了对学生素质多方面的培养与要求，因此，基于以预设的知识、技能目标是否达成作为主要甚至唯一的评价标准当然就难以适应这种要求。这需要教师在运用问题群教学模式时，具备多元的评价意识和多元的评价能力。比如，在评价内容、评价标准、评价方法、评价主体、评价重心等方面都要具备相应的素质。这无疑是一个比较高的要求，但同时又是必须具备的素质。

学生提出的问题可能是与教学内容关系不大的问题。对这类问题，一般用委婉的语言告知学生，因为与上课内容关联不紧，建议在课外解决；学生提出的问题可能与教学内容有关，但没有切中要害，处理这类问题，教师可以自己解答，也可以请同学帮助解答；学生提出的问题可能是与课文关系密切的、能打开学生思路的问题，对待这类问题，教师要着重对提问的学生加以鼓励，甚至可以把问题公布出来，让全班同学一起讨论，作为学习的重点。

第二章

问题群教学课堂

第一节　教会学生发现问题

一、教会学生发现问题的方法

三百多年以前，科学家伽利略说过："你不能教人什么，你只能帮助他们去发现。"美国布鲁巴克认为："最精湛的教学艺术，遵循的准则是让学生自己提问。"第斯多惠也说："一个坏教师奉送真理，一个好的教师则教人发现真理。"如何提问，方法是关键。达尔文说："最有价值的知识是方法的知识。"教师在教学中，要多重视对学法的指导，"授之以渔"，而不是"授之以鱼"，让学生学会思维，自觉、主动地学习，达到语文教学的理想境地。文章要由学生自己读懂，疑问要由学生提出，问题要由学生自己分析解决，知识要由学生自己发现获取，规律要由学生自己去概括掌握。

学生主动提问是学生积极探究的表现，发现问题是分析和解决问题的前提与基础。培养学生的问题意识，必须培养学生积极主动提问的精神。教师要鼓励学生突破现存答案，大胆提问，勇于质疑；要循循善诱，逐步教会他们提出问题和思考问题的方法。

（一）强化学生的主体地位，使学生敢问

新课标明确指出："学生是学习的主体。教师不可能代替学生去读书，不可能代替学生进行观察、分析与思考；教师只能让学生自己去读书，自己去感受事物，让他们通过自己的观察、分析和思考来发现问题，在分析和解决问题的过程中明白事理，掌握规律。"课堂教学中，教师要引导学生去感知文本，鼓励他们提出自己的问题；也可以采用给主动提问和主动回答问题的同学加学

分的方式，调动学生参与的积极性，使其逐渐养成爱提问的习惯。

（二）改变学习方式，使学生爱问

爱因斯坦曾经说过：“提出一个问题比解决一个问题更重要。”我国著名数学家华罗庚也说过：“困难的是提出一个公式，而不是去证明公式。”虽然人天生具有好奇心，但学生的问题意识和提出问题的能力，仍然需要后天的努力培养。作为中学生，他们的学习和生活经验都很缺乏，仅仅依靠好奇心和勇气还难以发现实质性的问题。

传统的学习方式把学习建立在人作为客体的基础上，强调人的受动性和依赖性。它过分强调和突出学生对知识的接受与掌握，忽视其对真理的发现与探究，从而导致在实践中对学生认识过程的片面、极端的处理，使学生对书本知识的学习变成对书本知识的接受，学生的学习变成了被动地接受和记忆的过程。这样的学习禁锢了学生的思维，限制了学生的智力发展，摧残了学生的学习热情，难以激发学生的问题意识。转变学习方式就是要使被动的学习状态得到调整和改变，积极探索自主、合作、探究的学习方式，使学习过程中的发现、探究等认识活动得到凸显，以培养学生的问题意识和创新精神。在课堂教学过程中，自主、合作与探究的学习方式是互相联系、不可分割的统一整体。让学生在自主、合作、探究学习的过程中积极思维，进而发现问题、提出问题，激发学生的问题意识。

（三）介绍提问的基本方法

介绍问题的类型。从问题的内容角度分类有解读性问题、研读性问题、赏读性问题、扩读性问题。从问题的主次角度分类有主问题和次问题。

介绍提问的技巧。让学生知道从文章的哪些方面可以提问，如从文章的主题、内容、思想、感情，结构、线索、写法、语言等方面。具体可以从哪些角度入手？从标题入手，从关键词或关键句入手，从文章的结构入手，从文章的语言入手，从文章的线索入手，从细节描写入手，从主要人物之间的关系入手，从文章的主题思想入手，从人们体验深的、与生活联系紧密的知识点入手，从品读鉴赏方面入手。

介绍提问用语。为使提问简便易学，可以让学生学会使用提问用语。如台湾学者陈龙安先生归纳的：假如、列举、比较、替代、除了、可能、想象、组合、六 w[即英文中 who（谁）、what（什么）、why（为什么）、when（什么时候）、where（哪里）、how（如何）]和类推。运用这些用语，组成句式，提供例句，让学生模仿，如：

直接式："写白杨树实际是写谁？为什么要反复赞美白杨树？"

比较式："闰土的少年和中年比较有哪些变化？为什么有这些变化？"

改换式："'风沙侵袭'中'侵袭'改为'侵入'或'侵占'行吗？"

假设式："《白杨礼赞》结尾如果没有最后一个自然段行吗？作者为什么要加最后一个自然段？"

（四）重视课堂引导，启发学生提问

教师要为学生搭好"脚手架"，让学生通过努力自己发现问题，不必做过多暗示，更不能包办替代，久而久之，学生就会由敢于提问向善于提问发展。因此，教会学生发现问题的方法是非常必要的。例如特级教师李镇西老师在教学中提倡学生对课文养成"四问"的习惯：①写了什么？②怎么样写的？③为什么这样写？④还能不能写得更好？通过引导学生提问，培养学生独立思考、深入探究和发现创新的能力。

1. 教会学生区分层次，启发学生发现问题

从阅读的层次、阅读的水平发现问题，是阅读和阅读教学发现问题的一个策略。对于语文教学中的阅读水平，国内外专家和中学教师都做了大量研究，提出了许多理论和实践的结构或框架。大多数人都认同的阅读教学水平层次是：第一级，认知性阅读技能；第二级，理解性阅读技能；第三级，评价性阅读技能；第四级，创造性阅读技能。这四级阅读层次贯穿于阅读的全过程，可以看作较为完备的、科学的阅读能力水平分级。从阅读的层次发现问题是阅读教学培养问题意识的一个重要策略。

教学过程中面对一篇篇课文，如果学生知道阅读层次的分类，就可以根据各种分类，分别提出哪些是认知性问题，哪些是理解性问题，哪些是批判性问题，哪些是创造性问题，最后让学生针对这些问题进行阅读与思考，实现教

学目标。这种方法给了我们一把钥匙，有了发现问题的方法指导，这是提出问题的一个基点。教师要有意识地给学生讲解阅读分类，有针对性地设计一些与阅读层次相关的问题，对学生起到示范作用，让他们清楚阅读分类情况，并从中模仿，受到启发。有能力的教师可以通过任何课文，进行一级比一级高的阅读训练，进行不同层次的训练，使学生一步一步提高，进而在以后的阅读中发现问题。当然，这四种不同水平的阅读训练不是一成不变的，可以单独也可以一起训练，应该根据不同文体的课文具体问题具体分析。

上海市特级教师陈钟梁在讲授《梁生宝买稻种》一文时所编制的问题系列，可视作四级阅读水平问题教学的经典案例。

①“几乎全部旅客都进了这个或那个旅馆……”“几乎”和“全部”怎么能够放在一起呢？②这个年轻的庄稼人，是怎样站在破席棚底下的呢？最吸引你注意的是哪几个动词？③“他并不怎么着急地思量，到哪里去过一夜……”那他思量什么呢？这三个问题体现了认知性问题的特点，从词语、句子着手，从小处着眼，题目并不难，学生可以从课文中直接得到答案。

④走进一家小饭铺，有什么好高兴的？为什么要加上“满脸笑容”四个字？⑤吃完汤面和馍馍，为什么要带一句“打着饱嗝儿”？这与文章中心有什么关系？④⑤两问把“为什么”落点在课文的具体字句，课文里没有现成的答案，是名副其实的“阅读理解式”，引导学生琢磨课文的深意。解答问题的过程既能促进学生把握人物性格、体悟人物情感，又能深化主题，更重要的是，调动了学生形象思维、想象等语文能力的综合运用。

⑥梁生宝是怎样拿出一张五分票的？文章为什么要把这一细节写得这么详细？⑦梁生宝要了五分钱的一碗面，喝了两碗面汤，是不是太“抠门儿”了？⑧如果你是小饭铺的服务员，站在一旁，会怎么看待梁生宝？现在你读了全文，又是怎样看待这一人物的？这三个问题是评价性问题，让学生站在评价者的立场进行比较与评判，对梁生宝这一人物形象进行全面分析，使其在评判中受到启示，学会辩证思维。

⑨“他想，在这里甜美地睡上一夜，明日一早过渭河，到太白山下的产稻区买稻种呀”，买了稻种以后，梁生宝会怎样返回汤河？这一问题是明显的创造性问题，仅仅依靠对课文的理解是不够的，需要读者展开丰富的联想和想

象，发挥创造力解决这一问题。

这九个问题由浅入深、层层递进，组成了有层次、相呼应的问题网络，向学生提示了思考角度，启发了学生的思维。

2. 变换角度，示范学生发现问题

“横看成岭侧成峰，远近高低各不同。”（苏轼《题西林壁》）观山尚且要横看、侧看、远看、近看，阅读优秀作品就更不用说了。阅读角度的多样化，不仅可以扩大认知领域，也为提高理解的质量提供了条件。“好作品都是立体化的，像一座奇峰突兀的山，如一条九曲连环的河，也似一座精制巧构的艺术宫殿。走进作品，从不同角度观赏，会看到不同的景致；从不同方面思考，会得到不同的认识。”日本学者比嘉佑典说：“我们应当学会从各个角度看问题。一样东西，从坐着、站着、蹲着、躺着、站在凳子上等各个不同角度去看，就会看到不同的样子。”要培养学生“从不同角度去看”“看到不同的样子”的思维方法和良好习惯，使其发挥求异思维能力，由记忆型学习转变为创造型学习，教师就必须进行多角度教学。《全日制义务教育语文课程标准（实验稿）》提倡“多角度的、有创意的阅读”；在“综合性学习”中，则提出“从不同的角度，进行多样化的探究”。由此可见，从不同视角、不同角度看问题的方式已深入到学习当中。在语文教材中，巧取角度的范例不胜枚举。比如教鲁迅的小说《孔乙己》，可以从哲学角度来讨论孔乙己其人，从语言学的角度来讨论小说的语言，也可以从社会学角度来认识小说所表现的社会现实，从文学角度来分析人物形象。

我们看特级教师余映潮老师执教的《故乡》教学片段。

师：请同学们自读课文“这来的便是闰土……可以听他自己去拣择”这一部分。

生自读课文。

师：理解课文内容或者理解课文片段，要注意运用多角度品析的方法，要学会从不同的角度，如情节、人物、环境、人物活动、表达方式、描写角度、结构层次、修辞手法、段落大意、表达目的、情感表达等去进行理解，力求有自己独到的发现，有自己的心得体会。

学生再阅读课文，然后自主、合作学习，发表自己的看法。

生：从表达方面看，这是一个描写段，它给我们一种苍凉之感。

生：从人物看，少年闰土的活泼能干、勃勃英气已经荡然无存，在我们面前的，是一幅生活在痛苦中的中年闰土的画像。

生：从描写顺序看，由远及近，依次描写身材、脸色、眼睛、头上、身上、手，符合观察习惯，先远望身材，再注视脸面，而后打量全身。

生：从情感表达看，记忆中的闰土变成了这般模样，"我"的心里是多么难过，沉重的语气表达出深深的悲哀与同情。

生：从表达目的看，这段肖像描写，着重写变化，反映当时农民的苦难。

……

课堂上，余老师首先让学生自读课文，感知课文内容，然后介绍多角度分析课文内容的方法，使学生在感知的基础上进行多角度的阅读，从不同的角度理解课文，这样既教给了学生阅读的方法，加深了学生对课文内容的理解；又丰富了文章的内容，开拓了学生的眼界。我们指导学生从不同的角度欣赏文章，这样学生理解的东西多了，思考的东西也会多得多，发现、提出问题的机会也会随之增多。

3.注意过程，侧重学生思维评价

过去有些教师总认为阅读教学只要把知识点讲清楚就行，不重视甚至反感学生的提问。但在培养问题意识的过程中，教师应把鼓励学生提问放在教学的首位，并对学生的发问予以及时强化。有时候学生的发问可能是幼稚的、钻牛角尖的，甚至是错误的，教师应给予关注，认真倾听，引导他们提出比较恰当的问题。问题无论是简单的还是复杂的，无论是次要的还是重要的，无论是紧扣原文的还是离题万里的，教师都应一视同仁地做出回答，如果不回答，也应给予合理的说明。

例如，著名教师钱梦龙讲授《故乡》时的一个片段，是培养学生思维品质的成功典范。

生：跳鱼怎么会有青蛙似的两只脚？

师：是啊，鱼怎么会有脚？

生：有！

师：什么鱼啊？

生：娃娃鱼。

师：你真见多识广！我想跳鱼也有两只脚。可是我没见过，你们谁见过？

生：（齐）没有。

师：可是少年闰土就知道，这说明什么？

生：闰土见多识广，“心里有无穷无尽的稀奇的事，这是我的朋友所不知道的”。

这是一个成功的教学镜头，学生提出的“跳鱼怎么会有青蛙似的两只脚”的问题是偏离原教学中心的“意外问题”，钱老师及时调整了教学计划，围绕“鱼有脚”问题宕开一笔，展开讨论，又通过“可是少年闰土就知道，这说明什么”一问，及时收拢，一切自然而然，收放自如，堪称训练学生思维品质和人格品质的成功典范。

教师的课堂评价，不能一味地为学生叫好，不能让“你回答得很好”“你的分析很有道理”“你真棒”之类的语言成为课堂评价的流行语。学生固然需要鼓励，但不切实际的鼓励非但不能真正激发其探索的动力，反而会把他们引向思维的歧路，甚至步入思维的误区。课堂教学评价的重点在哪里？在笔者看来，首先该是提问或回答问题的思维过程与思维方法，即使学生确实回答或提问得精彩，我们也不能以一个“好”字做结论。因为教学评价的重心是过程而非结果。教师要有睿智的思想和敏锐的目光，能够透过现象看本质，抓住结果析过程，从过程分析中归纳思维的规律与方法。教师通过分析思维的过程，帮助学生明白对错在哪里，学会思维，为下次思维做准备。对学生来说，重过程、轻结果的评价得到的是思维的快乐；重结果、轻过程的评价获得的则只是短暂的虚荣和满足。

二、培养质疑能力，引导学生会问

在语文阅读教学过程中，教师要鼓励学生不要拘泥于现存答案，应该大胆提问，勇于质疑；教师也要循循善诱，逐步教给学生发现问题、提出问题、思考问题的方法，鼓励学生运用多种思维方式大胆怀疑，大胆想象，进而提出问题。在日常语文阅读教学中，教师可从以下几个方面引导学生质疑。

1. 抓住文章标题设置疑问

俗语说“题好一半文”，经常引导学生反复思考、推敲标题，有利于激发学生的学习兴趣，调动学生思维的积极性和主动性；抓住文章标题提问，能提纲挈领，纲举目张，有利于提高学生从整体上把握文章中心与结构的能力。例如，在学习《变色龙》一课时，许多学生都对这个标题表现出极大的兴趣。“这是一篇说明文吗？”“变色龙是怎样一种动物？”“本文是记人的文章，又为什么以‘变色龙’为标题？”一系列的问题调动了学生的积极性，吸引他们深入文本进行探究。

2. 针对重点词句、标点设置疑问

课文中的重点词句往往是理解课文的关键，准确理解重点词句的内涵，有助于学生深入体会文章的主题与作者的思想感情。

【《老王》教学片段】

初读文本，你感觉到老王的生活境遇如何？

生：悲苦。

生：凄惨。

师：可以用一个“苦”字概括老王的生活境遇，请大家从文中找出表现老王“苦”的词句，并做分析。

生：“有个哥哥，死了，有两个侄儿，没出息，此外就没有什么亲人了”，这几句话中看出老王生活的孤苦，亲人不多。

师：你分析得有道理。很巧的是，人教版和苏教版上的这几句话不一样。请看屏幕。读一读，思考哪一句更能表现出老王的孤苦无依。

“有个哥哥，死了，有两个侄儿，没出息，此外就没有什么亲人了”；

“有个哥哥死了，有两个侄儿没出息，此外就没有什么亲人了”。

生：第一句更好。因为这一句更能看出老王的孤苦。

师：从哪里可以看出？你比较一下，这两种版本的句子有什么不一样？

生：标点不同。

师：标点不同，表达的含义有什么不同呢？

生：他“有个哥哥”，但是“死了”；他“有两个侄儿”，但是“没出息”。

师：前后分句之间是转折关系，强调了后者，突出了他生活的孤苦无依和酸楚无奈。你再读一读。（生读。）

师：标点是会说话的文字，这里的逗号会说话。有无逗号，句子的含义大不一样。有逗号的句子，读起来要注意停顿；要读出前后句的转折关系，强调后者，凸显老王的孤苦无依。大家带着情感读一读。

让学生找出这两个句子的不同之处，找出差异，只是教学环节的第一步，辨别优劣才是引导学生学习的关键。通过辨别，培养学生缜密思维的能力，明确加不加逗号，其表达效果不同：有逗号，更强调“死了”“没出息”，进而引导学生体会老王生活的孤苦和酸楚。在辨析的过程中，教师及时指导学生通过朗读来品味、体验句中表现的老王之苦。

3. 在内容对比处设置疑问

有些文章前后内容形成了鲜明的对比，而内容对比处往往是作者独具匠心的地方，透过该处可以发现文章更深层次的东西。《故乡》就是一个很好的例子。第一，纵向对比描写：(1)眼前的故乡与记忆中儿时的故乡的对比，揭示了导致故乡破败的社会根源；(2)中年闰土与少年闰土的对比，揭示了旧中国农民每况愈下的悲惨命运。一是外貌、神态的变化。二是语言的变化。第二，横向对比描写：(1)闰土与杨二嫂的对比，更进一步揭露半殖民地半封建社会对人们的摧残；(2)“我”与闰土的对比，揭示了不同阶级之间存在着深刻隔阂。第三，虚与实、希望与失望的对比：“我”和闰土之间的关系与宏儿和水生之间的关系的对比，反映了作者对未来生活的渴望。

4. 在看似矛盾处设置疑问

语文教材中的不少文章，都会借助矛盾的对立统一来体现作者更深层次的情感，突出文章的中心，看似矛盾，实则统一。因此，在阅读教学过程中如果能引导学生从这些矛盾之处提出问题，往往能加深学生对文章内容及主旨的理解。如李镇西老师在讲公开课《孔乙己》时，有位同学提出了一个“牵一发而动全身”的问题：“为什么鲁迅先生在小说结尾说‘大约孔乙己的确是死了’？‘大约’和‘的确’看似矛盾，应该如何理解？”这个问题紧扣“大约”和“的确”两个关键词展开，围绕这两个词语进行挖掘与分析，“的确”说明孔乙己的性格、遭遇及当时冷漠的社会使得孔乙己必然会死，“大约”说明人们对孔乙己的死持漠不关心的态度，暗示了社会的冷漠。这样学生就可以从人物性格与社会环境这两个方面更加深刻地理解这篇小说。

5.抓住文章的留白处设置疑问

写文章如同作画一样，讲究虚实，如果像拍照一样完全遵从生活的真实，对事物做完全客观的叙述和描写，那无论你描绘得多么详细认真、细致入微，都会显得死板而没有生气。所以，课文中有些地方往往是作者有意留下的艺术空白，言有尽而意无穷，如果引导学生在此处质疑，不仅有利于学生把握整篇文章，加深对整篇文章的理解，而且对提高学生的思想境界也会产生深远的影响。

如鲁迅小说《故乡》中的“我”回故乡之后，到“我家的门口”来，看到“瓦楞上许多枯草的断茎当风斜着”，这句话语言精练简洁，但为读者留下了多层次、多角度的想象空间。教师可以提出问题点拨学生思考：此处作者写的是什么？而生活的原貌又是什么？作者为什么这样写？学生可以展开想象的翅膀。首先可以想象，作者写的不是“房屋”上的草，而是“瓦楞”上的草；写的不是枯草，而是它的断茎，这“断茎”又非随风摆动，而是“当风斜着”；这展现的是冬天的荒凉之景。接下来再想象小说中的“我”既然观察得如此细致，那必然会看到其他事物，如破旧的房屋、荒凉的庭院以及杂草、枯树等等，但作者只写“瓦楞上枯草的断茎”，教师可以引导学生继续想象“我”急于见到家中亲人，匆忙往院内走的情形。到这里，就可以理解只此一句已现出的悲凉之情，便无须在凄凉之景上增加笔墨了。语文教师要在文章留白处引导学生细细品味，这对学生想象力的发展以及创造意识的培养是大有裨益的。

三、设疑与学生思维能力的培养

古希腊哲学家亚里士多德有句名言：“思维自疑问和惊奇开始。”现代教育论认为，通过质疑问难活动，知识才能深化。因此，在阅读教学中，采用设问质疑的方式，能使学生注意力集中，对所学内容加以思考，达到理解内容、增强思维能力、提高学习效果的目的。

1. 通过设疑，培养学生思维的广阔性

所谓思维的广阔性，是指人们在思维过程中，善于从不同的角度去思考问题，从多方面去研究问题，抓住事物的本质，寻求解决问题的方法和途径。它有两个要求，一是思路通畅，一是思维面广。思路通畅是思维广阔性的必要条件。如果思路不通畅，那么就不可能想得宽，想得远。思维面广，指的是思考问题的范围，范围越大，思维的质量就会越高。

为了训练学生思维的广阔性，在阅读教学中，使学生的思维对课文的覆盖面越大越好。因为对课文的覆盖面越大，思考问题的范围越宽广。例如著名教师宁鸿彬教学《故乡》一文，在学生初读课文之前，他给学生布置了如下任务：读课文之后请学生在课文原标题“故乡”二字之前加上一个或几个修饰性或限制性的词语，把这篇课文的标题变成《×××的故乡》的形式。

读课文之后，学生相继站起来发言，给课文拟出了一个又一个新标题，并结合课文做了简要说明。学生添加的标题主要有：

远去的故乡

悲凉的故乡

萧条、衰败、日趋破产的故乡

不值得留恋的故乡

使我气闷的故乡

与我有了隔膜的故乡

清晰而又模糊的故乡

熟悉而又陌生的故乡

通过学生所拟的标题，不难看出，老师的这个教学设疑，已把学生的思维引向广阔的领域。因为给课文重新拟订充实具体的新标题有两个作用：由于课文的原标题已排除在外，再加上新拟的标题也是拟出一个排除一个，这就促使学生的思维伸向广阔的领域，此其一；由于是给全篇文章重新拟订标题，因此学生的思维就要覆盖全篇课文，进行广泛的思考，此其二。

2. 通过设疑，培养学生思维的深刻性

所谓学生思维的深刻性，就是要培养学生在学习过程中，不迷恋于事物的表面现象，而能够自觉地从本质上看问题；同时使学生形成全面的整体观念，注意从事物之间的联系和矛盾来理解事物的本质，尽量避免学生在思维过程中的表面性和绝对化的错误。

在教学《分马》一文时，我设计了以下问题：本文是编者加题目的节选课文，编者为什么要加这样的标题？在向学生提出问题之后，顺带出三个“包袱”：1. 马本应是买的，文中为什么却来分？2. 为什么要分马？3. 分马过程中有什么插曲？

学生经过阅读可得出这样的结论：马是所分牲畜中的主体，是家畜中最有代表性的，占的数量最多；马是农民特别是东北的农民重要的生产资料，分得了马就是分得了当家作主的权利。

第三个问题的答案可从郭全海的追马、送马，老孙头选马、骑马，李毛驴“正名”等内容中分析出。前者是通过行为描写表现党在农村的带头人对群众的关心和一心为别人着想的高风亮节；第二个人物是对郭全海形象的烘托，同时也表现了当家作主的农民的喜悦；第三个人物则是从个人生活境遇的变化中反映当时农村社会巨大变化的历史必然性。随着问题的破解，学生会在老师的引导下主动地参与，并带着问题阅读课文，边讲习边思考，层层剥笋式地理解课文内容，既了解了小说的故事情节，分析了人物的性格，还领会了文章的主题。

这种由题目切入，再根据不同情节和中心人物分设疑点，逐层深入地设计问题，由表及里地进行诱导，逐步培养了学生思维的深刻性。

3. 通过设疑，培养学生思维的周密性

所谓思维的周密性，就是思考问题时要做到精细、周到、全面，没有漏洞，不疏忽大意。如果遇到问题只粗略地思考，所得到的认识很可能是片面的、存在漏洞的，这就影响了思维的质量，得不到应有的认识效果。

如在讲述《论积贮疏》第三段时，我曾反复质疑，为什么“夫积贮，天下之大命也”可作为本文的中心论点？学生回答：因为“粟多而财有余”是治国安邦、翳除诸多隐患的根本办法。那么积贮有什么作用？学生接着回答：“以攻则取，以守则固，以战由胜，怀敌附远，何招而不至？”如何来增加积贮呢？学生继续回答：“殴民而归之农，皆著于本，使天下各食其力，末持游食之民，转而缘南亩，则畜积足而人乐其所矣。”

这样缘文设疑、连续提问，促使学生集中注意力，并进行周密思考，积极回答。很多人在老师的引导下，领会此段在提出中心论点后，阐述了如何解决问题的办法和途径，理解了作者的思想观点和政治态度。

4. 通过设疑，培养学生思维的求异性

求异思维又称发散思维、分散思维、辐射思维，是一种开阔思路、不依常规、寻求变异，从多方面思考问题，探求解决问题的多种可能性的思维模式，是创造性思维的组成部分。国外一些教育家认为，教育“最理想的结构乃是提出一命题，从中引出大量的知识”，就是说应该注重培养学生的求异思维能力。

在文言文《口技》教学中，针对文章在细致地描述绝妙的口技表演之前写道：“口技人坐屏障中，一桌、一椅、一扇、一抚尺而已。”全文结尾处写道：“忽然抚尺一下，群响毕绝。撤屏视之，一人、一桌、一椅、一扇、一抚尺而已。”我曾设计这样两个提问；①大家想一想：作者这样写的目的和作用是什么？经过讨论，大多数同学认为这样写不仅首尾照应，而且从侧面烘托出口技人表演技艺之高超。这种写法值得学习。②我提醒大家换个角度思考，不用首尾呼应的写法可不可以？“一石激起千层浪”，此后，学生们在同桌之间、小组之间相互讨论，积极思考，踊跃发言，相继谈了他们的看法。有个同学回答：“如果是我写这篇文章，我只在结尾时写‘一人、一桌、一椅、一扇、一抚尺而已。’开头不写这句话。”我追问为什么，他说：“前面只写多种声音一齐发出，听众惊叹的样子，这样就会给读者造成悬念，想知道表演者有多少人，用了多少道具。文章结尾时再揭开秘密，同样可以给读者留下深刻的印象。”学生们情不自禁地鼓起掌来。我说：“文无定法，课文的写法很好，值得学习；我们的同学善于动脑筋，这个同学的提法也很好。”

在设疑问难时，只要注意启发性，恰到好处地引导学生从已知条件出发，向着不同方向，沿着不同途径，突破习惯思维，进行求异思维，才能使学生获得大量的、新颖的、独特的认识。

总之，在语文阅读教学中，我们要以发展学生的思维能力为目的，针对不同情况，巧妙地设疑问难，不断激发学生兴趣，激活其思维，挖掘其潜能，开发其智力，真正提高语文课堂教学效率。

第二节　课堂提问与学生思维发展

一、真问题：语文高效课堂的基石

问题是思维之源，思维之资。课堂教学要以问题为纽带，以培养学生思维能力为核心。课堂教学中问题的设计是一门学问，也是一门艺术，提问的好坏决定着课堂的成败。高效的课堂教学依靠高品质的课堂提问。但现行的课堂实践中，存在不少“伪问”“假问”“碎问”等无效提问，影响了课堂效率。因此，我们追求高效课堂，一定要避免课堂提问的零碎性、随意性、浅层性，必须提出有益于教学的真问题——具有教学价值的核心问题，促进学生的“真思维”，培养其良好的学习习惯和积极的思维方式，真正提升课堂教学品位。

（一）关注学情状态，避免“无效问”，做到“科学问”

教育家维果茨基认为，儿童有两种水平，一种是儿童现实具有的水平，叫现实水平；一种是在教师引导下儿童所能达到的水平，叫潜在水平。在儿童的现实水平和潜在水平之间存在一定的空间，这个空间就是最近发展区。引导学生的思维在最近发展区这一空间里遨游，我们形象地把它称为“跳一跳，摘桃子”。这个桃子不是伸手可得，需要跳起来才能摘到；但又不是怎么跳也够不到。教师在设计问题时，一定要把问题落在学生的最近发展区，这样的问题是最具探究价值的，才能成为课堂学习、探究的主问题（核心问题），而太易或太难的问题都没有学习、研究的价值，这些均属“伪问题”。如《孔乙己》教学中，关于作者的文学常识的提问对初中学生来说太易，属于小儿科式的“低级提问”，就是“无效问”；关于“茴香豆”中“茴”的四种写法的探讨，虽然在学术上依然有价值，但这是超越初中生思维发展极限的问题，是故作高深式的“学究式提问”，也属于“伪问题”，在教学时都是应该避免的。

例如，教学《孔乙己》，可以设计以下问题。

1. 同学们，我们通读了《孔乙己》这篇文章，对文章内容有了整体的了解。

文章第一段文字首先写了鲁镇酒店的格局，你认为作者这样写的用意是什么？

2.请大家再想一想，作者为什么要花那么多笔墨着意写众顾客？这样写的目的是什么？

3.本段文字主要写了鲁镇酒店和众多的顾客。作者写这些内容与刻画孔乙己有什么关系？

第一个问题在于让学生明白：酒店就是一个小社会，我们可以看到当时的世态人情，为人物的活动交代环境，也为文中“我”的出场作了铺垫。

第二个问题通过写顾客，可以引导学生认识并了解当时的社会风貌：顾客分两类——短衣帮和穿长衫的，同时也为孔乙己的特殊身份埋下伏笔。

第三个问题则是启发学生进行深层次思考：孔乙己与其他顾客一样也是酒店里的老顾客，但他却与其他顾客有不一样的一面——穿着长衫，是个有特殊身份的顾客，为下文情节的展开做了铺垫。

上述三个问题遵循学生的年龄特征、认知水平，符合初中生学情，做到深入浅出，环环相扣：把握了第一个问题——环境描写，那么自然涉及在这个环境中活动的人，而第三个问题则必然写出环境与人的关系，涉及孔乙己这个人物的形象，进而深入思考、积极探究文章的主旨。问题能促进学生思维发展，科学的提问是实现高效课堂的前提和保证。

（二）关注问题“主次”，避免“琐碎问”，提出“主问题”

一节课的提问密度要适中，问题不宜太多，否则将导致课堂教学外紧内松，表面上热热闹闹，实际上松松垮垮，教学散漫无序。要杜绝不加思考的随意问和不分主次的“琐碎问”，这就需要教师对学生提出的质疑、问难进行辨别、分析、整理、归纳，提炼出最切合学生实情，最能引导学生通过阅读思考、讨论解决学习困难、扫除学习障碍的问题。这样的问题才会成为教学中的主问题，对其余问题教师应该大胆舍弃。教师在教学中可以设计若干问题，学生在学习时也会有许多问题，但真正有资格成为课堂主问题的并不会太多。主问题一定是具备“牵一发而动全身”的功能，具有牵引力、凝聚力和辐射力。

我在执教《孔乙己》时，学生们预习全文后提出了20多个问题。如：“我”

在文中起什么作用？文章开头的环境描写有何作用？孔乙己的长衫有什么意义？孔乙己的姓名是否有特殊含义？众人为什么笑孔乙己？为什么他总是说一些“之乎者也”之类的话，让人听了半懂不懂？为什么孔乙己是站着喝酒而穿长衫的唯一一个人？他做事为什么总是半途而废？第二次到酒店为什么是用手“走”来的？丁举人为什么对孔乙己如此狠毒？文中粉板上的19个铜钱有什么用意？文章结尾“孔乙己大约的确死了”是否矛盾？等等

如何在一堂课有限的时间内解决这20多个问题？我反复斟酌、仔细推敲，决定启发、引导学生把提出的这些问题围绕“半”字进行联系，把思维聚焦在一个主问题上，即找出文中的“半”字和暗含“半”字的句子，并思考其含义和作用。这样通过主问题，串联起小说中的主要人物、故事情节和环境描写。学生们边阅读、边思考，找出了孔乙己的“言语之半”“做事之半”“地位之半”“品行之半”“身体之半”“思想之半”等。由于教学紧紧围绕主问题，课堂整体结构避免了零敲碎打；学生的思维在主问题的引领下始终处于积极思考的状态中，对文本进行全面阅读、反复思考；课堂教学节奏显得灵动而有序，课堂教学气氛非常活跃，讨论具有相当的深度。这样，课堂教学通过主问题的解决，其他“枝叶问题”也迎刃而解。

（三）注意问题“高下”，避免“无序问”，实施“坡度问”

前面已经讲到，根据问题连续体理论，问题可分四种类型：呈现型问题、发现型问题、发散性问题和创造型问题。

这四种问题是不等价的。我们在上课前要精心备课，对预设的问题要“去伪存真”“去粗取精”，使问题对学生的阅读思考有促进作用，思维难度有所增强，答题难度有所增大，学生通过“跳一跳”，才能摘到“桃子”。避免课堂教学中成串的连问、简单易答的“碎问”以及随意的追问；注意抓住主要问题，做到提纲挈领，纲举目张，同时注意问题的层次性，照顾学生的差异性，尽量满足各个层次学生的需求。

譬如执教《孔乙己》，我要求学生围绕关键词“笑声”分四个层次进行研讨。第一层次，请同学们找出文中描写“笑声”的句子；第二层次，请大家思考“笑声”的类型；第三层次，比较四种“笑声”的区别，挖掘其形成的根源；第四

层次，思考其作用。这样，同学们围绕“笑声”二字开展诵读、品读、比读，把小说中的大多数人物通过“笑声”进行联系，抓住了核心教学问题，使课堂层次清晰，环环相扣，学习难度逐步加大，有效提升了学生的思维能力。

（四）激发学生思考，避免“包揽问”，引发“主动问”

过去，语文阅读教学总是按照固定的程序来进行，即介绍作者、时代背景，划分层次，总结段落大意、中心思想和写作特点。课堂上绝大部分时间都被教师的提问、讲解占用了，学生读书的时间少得可怜。他们只记一些教学参考书上干瘪的结论。现在，这种僵化的教学模式很少有人再用了。于是，代之而出的是阅读教学的“全面开花”。教师对哪一个内容都不放过，都想讲授、评说一番。在“全面开花”教学思想的影响下，教师又不自觉地干起越俎代庖的活儿；学生又自觉不自觉地偷起了懒，他们阅读的主动性渐渐丧失。人总是有惰性的，取现成的东西总是来得容易，久而久之，学生的头脑就成了一个筐。在阅读课上，课文似乎是可读可不读，学生们没有阅读的过程，只有干瘪的结论，更谈不上深入思考，结果在阅读教学时学生得到的只是一些浮光掠影的东西。

课堂教学问题从哪里来？从目前的实施情况看，问题大多由教师提出，缺少学生的参与。教师在绝大多数情况下包办地提出问题，学生只有依据教师的提问进行思考，没有自己提出问题的机会。这些问题只是教师按照自己对新课标的要求、教材文本的特点、自己的教学经验而提出，具有统一性、封闭性的特征，而对学情（学习主体的需求）把握不全、不准，缺少针对性和差异性。

优质问题的产生不能完全依赖于教师，而应该源自学生的阅读、思考和师生的互动、交流。课堂教学切忌越俎代庖，尤其是问题应从学生中来，采用“先学后教”的方式，由学生主动阅读、及时提问，形成课堂教学的“主问题”“问题群”，那才是高效课堂的基石。

总之，在课堂中，过于简单的提问是无用信息，琐碎随意的提问是干扰信息，因此，老师在提问过程中，要避免抑制学生思维的无效提问，避免不合逻辑的错误提问，避免表面上非常热闹而事实上没有什么内容的虚假提问。要通过提问这种手段培养学生独立思考的习惯，而不能仅仅把提问作为一个形式。在问题设计上，少问“是什么”“行不行”，多问“为什么”“怎么样”；力避“假提问”，倡导“真提问”，提出“真问题”——高质量的有效问题，确保课堂高效率。

二、思维：语文阅读教学的核心追求

思维是认识活动的核心，往往以矛盾为端点展开，并因问题得到持续不断的解决而深入发展。它的最终目的不囿于知识，而在于使问题得到解决，并不断有所发现和创新。思维流程，就是人们认识问题、分析问题、解决问题的思维过程。它包括思维的流域、流向、流速、流势等要素。它在阅读教学过程中处于核心地位，制约着听、说、读、写活动的力度和效度。

1.拓宽流域，拓宽学生思维的广阔性

教学要善于选择突破口。一篇文章的教学突破口的选择非常重要，选准了突破口就容易打开学生思维的大门，这是学生思维流程优化的起点。通过设疑，可以拓宽流域，培养学生思维的广阔性。

例如前文所述特级教师宁鸿彬教学《故乡》一文时，在学生初读课文之前，他给学生布置了一项任务：读课文之后请学生在课文原标题“故乡”之前，加上一个或几个修饰性词语，把这篇课文的标题变成《×××的故乡》的形式。

老师的这个教学设疑，已把学生的思维引向广阔的领域。

要使学生在学习过程中形成强大的思维流，需要善于巧妙起流，在打开思维的缺口后，还必须不断地拓宽河床，加大流量，对学生进行综合的、立体的训练，以提高思维质量，培养学生思维的广阔性。

2.调控流向，增强学生思维的流畅性

语文教育家魏书生认为：“有些学生智力活动差，并不是说他们没有智力活动，而是缺少具备一定指向性的活动，要发展学生的智力，必须使他们的智力活动具有较明确的指向性。”引导和控制是有效的手段。思维流程的走向正确合理，引导是必需的。每当教学重点确定以后，教师首先考虑的是学生

的思维走向，精心设计每一个问题，考虑教学程序，这些无疑带有导向性质。引导和控制是一个问题的两个方面，两者相辅相成，不可偏废，既要注意引导，讲究点拨艺术；又要适时调整、明确调控机制，保证思维流向正确和通畅。因为教师设计的教学方案都带有极浓的主观色彩，很难适应每一个学生的思维流程。所以，学生思维流程一定是在摇摆中行进的，这种思维就像自然水流一样，依据地形而不断前行。要达到预设的目标，还得加以适当的引导，这样才能避免“放羊式”的盲目自流。

我在《卖炭翁》一文教学结束前设计了这样一个问题：“请大家为卖炭翁设计命运。想想炭被抢以后，他会走一条什么样的路？”同学们沉思片刻，纷纷议论起来。

一位性格内向的女生发言：“他恐怕会自杀，因为没有别的出路，活不下去了。”

“自杀可以说是被逼上绝路了。那么，可怜的老人会用什么方式呢？”我追问。

“一头在烧炭的窑前撞死。不，他会用那半匹红绡一丈绫在树上吊死！”

“说得好！撞死固然惨烈，但用一车炭换来的绡和绫吊死，则极富讽刺性。”

我又请了一位性格开朗些的女生回答：“我想他不会自杀吧。俗话说：好死不如赖活，但他衣食无着，又无依无靠，看来只能行乞了。”

“行乞是穷人的最后一条生路，看来被迫无奈，只能出此下策。”

接着一位男生回答：“卖炭翁在把牛车赶往皇宫的途中，越想越气，不肯再赶车就和宦官争执起来，他实在咽不下这口气，大声喊着，我和你们拼了，就和宦官打了起来。”

“那么打的结果呢？”

“可能被宦官的爪牙打死，也可能被抓起来杀头。不过，我觉得比自杀强多了。”

另一位男生举手发言：“老人家回家后，孤零零一个人，又没有吃的。他想，等着死，还不如铤而走险。最后他就带上了砍柴刀上了梁山。”

“梁山英雄是哪个朝代的？”我追问道。

“大约是北宋年代。”学生思索了一会儿,答道。

“《卖炭翁》作者是谁?反映的社会现象是哪个朝代?”我追问。

“作者是白居易,年代是晚唐。”学生马上回答,“哦,我说错了,卖炭老人上梁山,想象不合情理。”

“在联想时要注意年代的合理性,故事的合情性。”我提醒道。

这次课堂讨论气氛的热烈,学生思维的活跃,问题答案的多样化,都出乎意料。我感到这次设疑讨论较为成功,激发了学生的兴趣,使其主动参与,积极思考,踊跃发言,每个学生的潜能都得到了最大限度的发挥。尤其是三次追问,顺势引导,适时调控思维流向,并进行有效纠偏,确保思维的正确性和流畅性。

3.调节流速,培养学生思维的灵活性

赞可夫说:“教会学生思考,这对学生来说是一生中最有价值的本钱。”在阅读教学中教师要授之以渔——教会学生掌握各种思维方法。因为它是形成思维能力的基础,是具备科学的认知能力的标志,是思维流程进一步优化的关键。思维流程优化不仅要追求思维的流畅性,还要追求思维的灵活性和创造性,这就要求我们教师不断地根据文本实际、学生思维现状调节思维方法,对学生进行各种思维训练,使他们的思维具有灵活性。

在课文的学习讨论中,在设疑问难时,只有注意启发性,并适时地给予方法指导,调整思维的流速,才能使学生获得大量的、新颖的、独特的认识,以此促进学生思维的灵活性。

4.增大流势,锻造学生思维的深刻性

在语文教学中,思维流程要达到最优化的境界,不仅要流向正确、流量大,而且要流速快、思维有力度。就像瀑布一样,得有一定的落差。如何才能增大流势、形成落差呢?一是增强刺激因素,如采用感官激趣。教师可采用多媒体来激发学生浓厚的阅读兴趣和强烈的好奇心,这样能够加快学生的思维流速,尽快进入文本的学习。或采用感情刺激。文章是有血有肉的有情物,教师要千方百计地激发起学生的形象思维,使之进入愉悦的审美状态。二是精心设计问题,形成思维跨度。根据最近发展区理论,科学设计课堂提问，使学生思维具有一定的跨度，这样他们在思维过程中，必须花力气才能摘到果子。一旦尝到了果子的滋味，便想摘更多的果子。由于思维具有一定的跨度，课堂气氛便跌宕起伏。当学生集中能量、运足才思向某一难题发起冲击时，其思维势头犹如涨潮之水，浪峰迭起。一旦攻克难题，学生的思维之潮则渐趋平缓，呈现出短暂的轻松之态。继而再向新的目标进发……这样有张有弛，有扬有抑，体现出和谐美和韵律美。

如我执教《孔乙己》的片段，让学生找"笑"字。围绕"笑"，我设计了问题链。

第一环节：找出描写"笑"的句子（同学们共找到十二处）。

第二环节：分类归纳（学生讨论、归纳，教师点评）。文中作者以第一人称的叙述视角，以"我"在咸亨酒店的见闻，截取孔乙己的生活片段加以描写。小说围绕"我"的"笑"和"我"看到的"笑"来叙事，"笑"字在作品中出现了十二次。仔细分析，可以把"笑"分成四类。一是咸亨酒店顾客的笑，二是掌柜的笑，三是小伙计的笑，四是咸亨酒店小孩子们的笑。

第三环节：比较四种人"笑"的异同。一是咸亨酒店顾客冷漠、无聊的笑。二是咸亨酒店掌柜冷酷、自私的笑。三是咸亨酒店小伙计解脱、解嘲的笑。四是咸亨酒店小孩子们天真、幼稚的笑。

第四环节：联系全文内容体会"笑声"的作用。一是"笑声"是连接文章内容的一根红线（缩结全文的作用）。二是"笑声"的描写，更增加人物的悲剧色彩（反衬作用）。三是"笑声"更有力地表现出文章主题（突出主题的作用）。

课例中，我利用问题增强刺激因素，分四个层次围绕主问题"笑声"进行研讨。四个问题之间呈递进关系，富有层次感，扩大了落差，增大了学生思维的流势，使学生形成思维跨度，有效地吸引了学生的注意力，培养了学生思维的深刻性。

语文教学就是要培养学生学会思考、培养其良好的思维品质。语文教学过程是语言活动的过程，更是思维活动的过程。课堂中教师要关心每一个学生的思维状况，正如苏霍姆林斯基所说的："在课堂教学中占据你的注意中心的将不是关于教材内容的思考，而是对于你的学生思维情况的关心。这是每一个教师的教育技巧的高峰，你应当向它攀登。"我们要在阅读课堂教学中从思维的流域、流向、流速、流势等层面着手，积极优化学生的思维流程，促进学生思维品质的优化，以追求思维训练的高效。

第三节　课堂追问

一、追问：学生思维发展的催化剂

追问，顾名思义是追根究底地问。《教学方法与艺术全书》是这样给追问下定义的："追问，是对某一内容或某一问题，为了使学生弄懂弄通，往往在一问之后又再次提问，穷追不舍，直到学生能正确解答为止。"它是课堂教学中对话策略的组成部分。在动态的课堂教学过程中，需要教师根据答问、讨论等学习活动的情况，对学生思维行为进行及时的疏导、点拨。追问无疑是促进学生学习、实现有效学习的重要教学策略。如果把学生的思维比作一汪平静的湖水的话，那么追问就是命中学生心湖的石子。这个石子如果能适时扔出，那么就能"一石激起千层浪"，学生的眼界将更宽阔，思维将更活跃。

课堂追问要把握好两个度。一是考虑学生的实际水平，追问难度要适中，以启发学生为旨，让不同层次的学生体会成功的喜悦。教师呈现简单或没有思考价值的问题，学生虽然积极主动应答，而实质上还是学生在被动接受教师的灌输，体现出的是虚假的主体性。学生学到了什么才是追问教学的意义，追求表面发言热闹的教学可能会损害教学的内在功能。要注重因势利导，导而弗牵。不能背弃学生思维的自然走向，而将他们牵到教师既定答案的思路上去。如果教师提出的问题偏难，就会使学生思维受阻，这样首先失去了"愤""悱"形成的前提，故而进一步的"启"和"发"也就毫无意义了。

二是给学生一个新的视角，追问时机要适度。追问的目的就在于督促学生发展和完善自己的观点，形成自己新的理解视角，促进思维进入临界状态。在思维临界状态出现时教师采用恰当的方法进行追问，使学生思维发生顿悟和飞跃。课堂里学生的思维有时处于僵持，在教师的讲授下轻松畅通，此时，一旦给出有阻碍的问题，发生矛盾，思维又进一步提升。所以，教师一定要把握追问的最好时机，这样才能“一石激起千层浪”，使追问的效率大大提高。

课堂追问应紧扣文本，结合学生的思维实际，使课堂教学达到科学、高效的状态。

1. 在粗浅处追问，镌刻印象，深化思维

学生在学习过程中不免出现认识的粗放、肤浅，此时，教师就应紧追不舍再次发问，引导学生就原来的问题进行深入而周密的思考，或由表及里，或由浅入深，或由此及彼，或举一反三，直到理解变得更加准确、全面、细致、深刻为止。

比如在教学《阿长与〈山海经〉》中，预习后我就开门见山地问：“文中作者回忆的人物是谁？”同学们响亮地回答：“阿长。”我接着问：“她的名字是叫阿长吗？”同学们都好奇地你看看我，我看看你，说：“当然是了，书上都这样写的啊。”看到他们还没反应过来，我就又追问了一句：“阿长是她本人的名字吗？”很多同学赶紧翻了翻书，回答说：“不是，是以前一个保姆的名字。”然后我又问：“她连自己的名字都没有，可以看出什么？”同学们都恍然大悟，回答说：“可以看出阿长命运悲惨，受人轻视、漠视，令人同情。”

学生在认真思考、热烈讨论中，思维遇到障碍和矛盾，不能进行深层次的思考时，教师要及时地提供科学的思维方法，搭设思维跳板，帮助学生开拓思路，突破难点，活跃思维，并引导学生在更高层次上继续思考，进一步激起学生创新的火花。

2. 在意外处追问，激发兴趣，催化思维

有意外才有生成，有的教师把课堂的意外视为对课堂的最大干扰，因此，熟视无睹，避而不谈，岂知这些意外可是学生独立思考后的灵感闪现，如此处理会严重打击学生思考的积极性，压抑学生的思维和创造力的发展，学生的问题意识或许就这样淡化了。若我们用欣赏的眼光，利用自己的教学机智迅速作出识别、判断，以此去伪存真，为我所用，在关键点上实施追问，打开学生的思维闸门，将学生的智慧激发出来，无疑会给课堂增色。

如教《桃花源记》片段。

师：文中有一句：“此人一一为具言所闻，皆叹惋。”大家说说，谁在“叹惋”？

生1：我认为是渔人。

师：说说你的理由。

生1：因为渔人看到了外面复杂的世界，而他进到桃花源以后看到的却是一片平静的景象，他为桃花源里的人没有经历战乱，没有看到外面多彩的世界而叹惋。

师：你说外面的世界是兵荒马乱，就是多彩、精彩，这怎么理解？

生2：战乱不能叫多彩。

师：桃花源里的人没有经历过，渔人不应为他们感到叹惋。

生3：我认为是桃花源里的人感到叹惋。因为桃花源里的人生活得非常安定，现在却听到了外面民不聊生的生活状况，所以他们感到叹惋。再说，这句话中的“此人”就是指渔人，是他讲给桃花源里的人听的，桃花源里的人听了以后才会这样反应。

生4：（不等老师作评点）我认为，应该是指桃花源里的人和渔人。

师：刚才的同学讲得很有道理，你又提出一种新的看法。那你能不能向大家详细地解释一下你的看法？

生4：因为“皆叹惋”的“皆”是“都”的意思。说明包括了桃花源里的人和渔人。还有桃花源里的人生活得那么好却听到外面是那么乱，所以惊讶；而渔人生活在战乱当中，却碰到了这么一个好地方，所以也感到惊讶。

师：你善于动脑筋，很好。但是对“叹惋”的“惋”字如何理解？

生4：“惋”是惋惜的意思。

师：而渔人生活在战乱当中，却碰到了这么一个好地方，所以也感到“惊讶”，他会对美好的生活“惋惜”吗？

…………

在本片段中，有两次意外的答案，教师及时追问，正确引导学生品读文本，使其准确领会文意，收到了较好的效果。很显然，如果没有教师的适时追问，这节课的效果会大打折扣。可贵的是教师充分利用课堂生成的问题，以巧妙的追问，打开了学生的思维闸门，他们灵活的思维、丰富的想象力和创造力便得到了淋漓尽致的发挥，课堂因此充满了生命活力。

课堂教学就是即席创作，是师生智慧火花的闪现与碰撞。一些教师因过多预设，常与有价值的生成擦肩而过，这样无形中也束缚了学生的思维，禁锢了他们的思维，熄灭了创新的火花。因此，教师应大胆打破预设框架，对学生的意外回答，给予积极的引导，以睿智的追问激活学生思维，拓展想象空间，让创造的火花灿烂地绽放。

3. 在矛盾处追问，解疑释虑，活化思维

矛盾处就是有疑处，往往也是难点，破解难点就等于提升了学习的质量。由于受知识的负迁移影响，学生的思维有时会遭遇障碍或产生矛盾，致使思考的链条断裂，此处即为突破口，需要教师的引领、催化，教师应针对学生的思维矛盾及时追问，启迪学生心智，推波助澜，搭建起思维跨越的平台，以弥合断裂处，从而开拓思路。

比如在执教《牛郎织女》时我预设了这样一个问题：你喜欢文章中的谁？学生纷纷发言，有的说喜欢牛郎，有的说喜欢织女或老牛，这都是我意料之中的回答。偏偏有学生说喜欢王母娘娘，而且理由相当充足：说她是美的使者，是她让仙女们织出彩霞，才有了美丽的天空；说她严格执法，织女触犯天条，就应该受到惩罚；说她善良仁慈，每年都让牛郎和织女鹊桥相会。这个“节外生枝”确实“将”了我一“军”。我很赞赏他们对文本的多元理解和独特体验，但学生的这种理解显然是对课文的误解，它严重偏离、曲解了课文，而且还出现了价值观的偏差。

我略加思索后，再次提问：你们认为王母娘娘的“真善美”与牛郎织女的“真善美”在本质上是一致的吗？学生再次研读文章，交流讨论后，他们明白了织女织彩霞是王母娘娘狠心逼迫的结果；王母娘娘惩罚织女，这是对人神间美丽爱情的摧残；王母娘娘最后所谓的“仁慈”是牛郎织女努力抗争的结果，王母娘娘始终是一个备受批判的角色。试想如果我一味尊重、迎合学生的“多元解读，独特体验”，势必会误导他们，他们的价值观就会出现偏差；或者我生硬地予以否定，那将会打击他们思考的积极性，他们的内心会永远结着“疙瘩”。所以这样的课堂追问，能帮助学生有效地化解解读文本的障碍，纠误匡谬，澄清认知上的迷惘；同时，对凸显文本价值，引导学生形成正确的价值观，发挥了积极的导向作用。

在教学过程中，教师要引导学生多角度思考，鼓励学生发表自己独特的思考与见解,发展学生的创造性思维,使他们有创造的动机和热情,要善于发现学生对同一个问题产生的不同意见,并巧妙地引导他们,在争论中求真知。

4.在发散处追问,拓展想象,聚化思维

诚如叶澜教授所言:没有聚集的发散是没有价值的,聚集的目的是为了发展。教师的追问就是对学生有价值的引领,力图把零散的东西通过思想方法这"魂"把它们凝聚在一起,使得学生的智能发展有了策略和方法上的保障。

如教学《皇帝的新装》时,我提出了一个问题:"如何看待文中的这些人物?"同学们回答都很积极,有的说皇帝太笨了,发现不了骗局;有的立刻反对说皇帝有时也是聪明的,知道受骗后还若无其事地演下去,否则更难堪了;有的说骗子太坏;也有同学说骗子挺聪明;当然也有说小孩子的;不同意见的同学都争论得面红耳赤。看到同学们情绪如此高涨,我不失时机地追问了一句:"如果你是其中的皇帝、骗子或小孩,你会怎么做呢?"问题还没问完,教室里就炸开了锅,说什么的都有。有的装着咬牙切齿地说:"如果我是皇帝,我一定把那两个胆大包天的骗子给杀了。"有的则笑着说如果他是骗子肯定早就携巨款潜逃了,还有的说如果他是骗子就索性装着若无其事的样子,甚至对皇帝说笨蛋当然看不到了,说不定又可骗上一笔……听着这么多新奇的想法,我暗自高兴,就让他们把自己的想法写下来,并写出足够的理由。课后上交的作业显示,同学们的想法非常丰富新颖。一个适时的追问很好地达到了锻炼学生想象力的效果。

面对着学生精彩的发言,我不由得带头鼓掌。我想这样鲜活灵动的课堂与教师巧妙的追问是分不开的。教师的追问激发了学生的开放性思维,在生生之间别出心裁的交流、碰撞中,挖掘了文本意蕴,有效地拓展了阅读空间,在文本空白处彰显了师生智慧,实现了超越文本的创造性阅读。

5.在错误处追问,纠正偏差,点化思维

"垃圾只是放错了地方的宝贝",富兰克林如是说。错误是学生最质朴、最真实的流露,往往是一种鲜活的教学资源,有待我们发掘错误背后的教育价值。实践证明,面对学生差错的有效追问能化腐朽为神奇,给人茅塞顿开、豁然开朗的感觉。

如讲授陶渊明《归园田居(其三)》中的片段。

师:谁来朗读一下?

生:……道狭草木长(cháng),夕露沾我衣……

众生:读错了,读错了。注释里面有,读 zhǎng。

师:你为什么读 cháng?

生:我知道注释里念 zhǎng,但我觉得读 cháng 显得更优美,草长得长,才显得路很窄。

师:大家的意见呢?是不是有疑问?

生:我也觉得读 cháng 好,读 cháng 是形容词,读 zhǎng 是动词,这里用形容词肯定好一些。

师:我也觉得读 cháng 好,草木长就是说明草木长得茂盛,大家只要夏天去过田间小路,就会发现长长的草会把小路覆盖住,路面显得很窄很窄,这样读更有意境。而且从词性来看,形容词显得柔美,动词太生硬。看来他提出来读 cháng,比书上的注释还要好。

"道狭草木长"中的"长"一词多音,这是学生最易犯错或发现疑问的地方,预先准备问题,当问题出现后,顺势追问学生,以期达到加深理解的目的。古诗文中字音字义的疏通本是极枯燥的内容,学生在学习时都不那么乐于接受,自然也不会引起人的兴趣,这时在易错处、矛盾处进行必要的追问,能起到激趣的作用,也让学生的思维迸发出火花。

苏霍姆林斯基说:"教育的技巧并不在于能预见到课的所有细节,而在于根据当时的具体情况,巧妙地在学生不知不觉中做出相应的变动。"有效的课堂追问就要求教师有灵活的教学机智,能瞬间捕捉学生答问的倾向与不足,及时作出判断、反应,再组织起合理的新问题,这样能激活学生的思维,生成新的教学资源,提高课堂教学效率。

二、追问:学生深度思维的航标

教师在课堂教学中要真正开启学生的思维,必须致力于提高"问"的艺术,其中最重要的是提出的问题要启发学生思考。但在教学实践中,经常出现“问”而不“启”的现象，其主要原因有：一是不知如何引导、启发；二是有些教师把提问教学等同于启发教学。其实两者是不同的，“提问式”只是“启发式”的外在形式之一。只有“问”没有“启”，学生的智慧大门是打不开的。要做到“问”中有“启”，有“启”有“问”。

首先，教师设计的问题应具有一定的启发意义，不能为问而问，总是提一些毫无启发性的“短平快”问题。在现实中，有些教师为了实施启发式教学，变“满堂灌”为“满堂问”，一堂课几乎全是教师习惯性地提问，表面上学生思维很活跃，其实一个个简单肤浅的问题就像一条条无形的绳索，禁锢着学生思维的拓展，让学生的思维始终在教师预设的台阶上前行，这样就很难真正提高学生独立地分析问题和解决问题的能力。这种“满堂问”的授课方式，究其实质就是“满堂灌”。

其次，“问”之后，教师要掌握好“启”的时机与火候。“不愤不启，不悱不发”的意思是说：如果一个人不发愤求知，我是不会开导他的；如果一个人不是到了自己努力钻研、百思不得其解的时候，我是不会引导他更深入一层的。相比较而言，“愤”就是学生对某一问题正在积极思考、急于解决而又尚未想通时的矛盾心理状态。这时，教师应对学生思考问题的方法适时予以指导，以帮助学生开启思路，这就是“启”。由此可见，学生只有经历“愤”，教师才能“启”。

做到巧妙“理答”，适时追问是有效策略。美国卡麦隆大学莫里教授在《课堂教学技能》一书中，将问题分为事实性问题、经验性问题、创造性问题。下面结合执教《孔乙己》一文中关于“手”的设问和追问艺术，作简要阐述。

（一）在事实性问题中进行追问，促进学生深层思维

在对孔乙己的“手”这一问题的教学设计中，如果只是提出“课文中几次提到孔乙己的手”，学生就会很快从课文中找到答案：(1)排出九文大钱提到手；(2)夸奖“我”时，用手敲桌子；(3)想教“我”写字时，用手蘸酒；(4)惊慌时，用手罩碗；(5)最后一次喝完酒，是坐着用这手慢慢离去的。

这时，我们会发现学生只是在寻找与孔乙己的手相关的信息，并没有进入思考状态，更没有发现内藏的深蕴，学生的思维处在浅层次上。

如果适时追问，稍稍改一下问题的思维方向，就会问出新意、深意。

追问1：孔乙己的手有哪些用途？

这样一问，境界全出。毋庸置疑，人的手是为人的生活服务的，对于孔乙己这样的一个读书人来说，手是用来写字和教人写字的，绝不是用来走路的。用手走路，是孔乙己有别于他人的另外的用途。是谁让孔乙己用手走路的？丁举人。

追问2：一个文弱书生，值得把他腿打断，逼他用手走路吗？孔乙己为什么不去学些营生，而去做一些偷书、靠人施舍、被人凌辱之事呢？

这样，就会引得学生一路追问下去，就会发现课文中所表现的人与人之间冷漠的关系，孔乙己被科举制度毒害之深的思想，以及作者对孔乙己持有的"哀其不幸，怒其不争"的态度。

新发现来自对学生深层思维的引导。"课文中几次提到孔乙己的手？"这一问题，只能让学生留心相关内容，并不会促进学生思考。而"孔乙己的手有什么用途？"一问，就形成了学生的深层思维，特别是孔乙己的手出现了反常的用途时，就引发了学生对更广阔的文本空间的开拓。

（二）在经验性问题中实施追问，引导学生对比思维

经验性问题是指学生需要结合自己的生活经验才能理解的问题。在让学生以自己的生活感触来揣摩他人的生活际遇与情感的同时，还要引导学生从横向与纵向的对比中感悟更多的思想情感及艺术手法。

先看这个教学提问：你从孔乙己的动作看出他怎样的心理？

(1)排出九文大钱，和穿长衫一样，是在摆读书人的架子；

(2)用手敲桌子，并蘸酒想在柜台上写字，一方面想表现自己的学问深，另一方面，也表现出他的迂腐，看不出别人对他的不屑；

(3)用手发茴香豆给孩子们吃，与想教孩子们写字一样，出自他有一颗善良的心……

学生们虽然能够根据自己的生活经验感受出孔乙己的心理，但是，他们的思维会局限在还原生活的范围内，无法产生新的感悟。

我们稍微改变一下问句：

追问1：你从孔乙己的手的动作中看出了他怎样的人生轨迹？

这一问不仅让学生还原了孔乙己的生活，而且还能把孔乙己的前后境遇进行对比思考。这样学生就会有许多新的感悟：(1)付钱的方式从“排出”到“摸出”，可以看出这时的孔乙己不仅在物质上已穷困不堪，而且在精神上也十分潦倒了。丁举人不仅打断了他的腿，而且彻底摧毁了他“以读书人自居，以君子自居”的精神支柱。封建的科举制度，其实是等级制度，是人与人之间相互戕害的思想根基。它不仅戕害人们的精神，而且残害人们的身体。孔乙己走着一条由精神上受伤害到身体上受伤害、由自我伤害到他人伤害而被迫离开这个世间的人生轨迹。

追问2：鲁迅为什么紧紧抓住孔乙己的“手”不放？学生就会进一步从思想上和艺术上感受大师的匠心所在。言为心之声，行为知之形。行动是内心的外化和外在表征，不同的行为、动作，如实地反映了孔乙己内心的真实想法、思想根源。通过对比，思考孔乙己的人生轨迹，就能领会其悲惨的人生境遇，参悟到作者通过细节刻画人物心理的匠心。

有比较才能有感悟。设计这类提问，着重要融入能产生比较的词语。如后两句的“人生轨迹”“紧紧抓住”“不放”等词语，就促进了学生思维的纵横向勾连，从而产生新感悟。

(三)在创造性问题设计中创设情境，帮助学生发散思维

创造性问题是要求学生发挥想象力得出独特答案的问题，其主要智力过程是求新求异。

教师设计这类提问时，着重引导学生源于课本而不拘泥于课本，打破常规去进行多角度、深层次的发散思维。

对于《孔乙己》一课，如果提问“孔乙己后来怎么样了？”就显得太笼统。学生也只能拘泥于课本，想象出孔乙己不多久就死去了，也就不能对课文进行丰富深刻的理解。

如果我们改变一下提问方式，追问1：假如说孔乙己用手把自己身体挪到一座破庙里，他会怎样去感叹自己的手？

这一追问，用一个“挪”字，引导学生想象孔乙己孤独凄凉的悲惨处境。

这样，就能从不同角度对问题进行多方面想象。“感叹”一词，又是在引导学生通过深层次的想象，去揭示文本的深刻意义。

从这一道理出发，我们可以对创造性问题设计出更多的问题。

追问 2：当你穿过时光隧道，去给孔乙己洗手，你会对他说些什么？说说孔乙己在弥留之间，他的手会呈现怎样的姿势，再想一想，这一姿势表现了孔乙己怎样的心理？

若要学生产生新思维，必须设置精当的词语，把学生置于一定的情境中；再巧妙地融入有关的新角度、深层次的指示词语，方能达到培养创新思维的目的。

三、追问的“六度”

追问是课堂上师生双方在问答互动过程中对暴露出来的问题的一种有效处理方式，是对原有提问的进一步深化，可以分为教师的追问和学生的追问两种。前者最为常见，一般表现为教学的预设，后者则主要表现为教学的动态生成。本书仅从教师的追问方面做一些分析。

有价值的课堂追问在教学中意义重大，因为通过问题的开掘和观点的撞击可以把学生的思想引向深入，这不仅有助于激活学生思维、培养思辨能力，更有助于培养批判、创新精神和追求真理的良好品质。

教师应该养成课堂教学的深层追问之风，要注意并体现课堂追问的价值性、现实性和问题解决的非公式化。为此，要把握好以下几个方面。

1. 选择好角度，培养学生思维的新颖性

追问要多元化。课堂追问要着眼于知识的多维角度，从多个方面剖析问题，才能体现问题的广度和视野的阔度。

追问要重联系。课堂追问要着眼于体现知识之间的相互联系，特别是前后知识间的联系、因果联系和整体与部分的联系。

追问要求新颖。课堂追问力求采用比较新的说法，从新角度巧妙切入，使问题富有启发性和灵活性，以激发学生的兴趣，引导他们进行积极的思维活动。

2.把握好难度,培养学生思维的力度

追问要符合学生最近发展区原则。课堂追问要考虑学生现有的认知水平,并以此为基点来设计问题,这样既不会让学生因问题太简单而不屑一顾,也不会让学生因问题太难而丧失信心,这样必然能为学生营造新的环境,形成新的挑战,最终实现"跳一跳,摘桃子"的目标,从而收到良好的教学效果。

追问要能引发学生的认知冲突。只有在新旧知识的结合点上产生的问题,才能激发学生的认知冲突,最具有启发性,驱使学生有目的地积极探索。在教学过程中,教师要善于发现并巧妙地引导他们在争论中求生成,在争论中求真知。

3.设计好跨度,培养学生思维的广度

追问要体现出适宜的时空迁移。语文课学习具有一定的系统性,前面已学内容是后面将学内容的基础,而后面将学的内容又是前面已学内容的延伸、发展和提高。因此,教师在设计问题时应注意知识之间的跨度,不要就题论题。一般来说,在新授课中设置问题的跨度要小,在复习课中设置问题的跨度宜大。

追问要体现出适度的条件变化。追问在变化条件的情况下有利于增强学生对问题的领域和跨度的思考和认识,从而扩展认识,培养比较分析能力,实现举一反三。

4.安排好梯度,培养学生思维的深刻性

追问要体现层次上的由浅入深,并注意衔接和过渡。由于学生智力有一定的差别,非智力因素也千差万别,致使学生对同一内容的掌握有快有慢、有好有差。所以,在教学中,对于那些具有一定深度和难度的内容,学生难以一下子理解、领悟,可以采用化整为零、化难为易的办法,把一些复杂的问题设计成一组有层次、有梯度的问题,以降低问题难度。在设计问题群时要注意各问题之间的衔接和过渡,既要避免梯度太大,也要避免问题过于琐碎;既要给学生指出思维的方向,引导学生深入思考,又不能将学生的思维限制过死,要鼓励学生充分发表自己的看法。所以,一般在设计追问时,要分别围绕是什么、为什么、怎么办三个层次进行。

5. 处理好广度，培养学生的思维个性

追问要体现全体性，面向全体学生。很多时候我们会由于时间的关系或情绪的激动而抓住一个学生问个不停，但往往这种追问，只注意了个体，忽视了全体，呈现出一个学生在勉为其难地唱独角戏，大部分学生无所事事地充当听众甚至看热闹的尴尬局面。因此教师追问时，要竭力避免抓点弃面的现象，考虑学生的智力和学力水平，容易的问题追问一般的学生，较难的问题追问优秀的学生。

追问要注意知识类型的多样性。课堂追问一般要面向全体学生，使不同层次的学生都有表现的机会，这就要求教师多设计一些不同层次的问题。如要求回答“是不是”或“对不对”的判断型，回答“是什么”或“怎么样”的描述型，回答“为什么”的分析型，回答“有什么异同”的比较型，回答“有哪些不同意见”的创造型。其中第一种主要针对后进生，第二、三种主要针对中等生，第四、五种主要针对优秀生。只有这样，才能给不同层次的学生以压力，调动他们学习的积极性，使他们都能积极思考，从而各有所获。

6. 调整好温度，营造优质思维的良好氛围

追问要体现民主、平等。教学中只有建立起互动、民主、和谐的师生关系，才能使师生双方以对话、包容、平等、共享的关系相处。教和学紧密结合成一个整体，学生才能积极主动地观察思考，敢想敢问敢说敢动手操作，学生群体才有“群情激动，跃跃欲试”的热烈气氛，群体共生效应才有可能产生，学生的问题意识才有萌发的土壤。魏书生关于教学“找助手”的理论非常形象，他说：“我总是事先叮嘱自己：我是在帮助学生学习。帮助，就意味着我必须到学生心灵世界中去寻找好学上进的那部分脑细胞，使之兴奋起来，然后我再帮助他学习。在任何时候对任何学生都要坚信他脑子里有好学上进的一面，只有这样才能避免强迫命令，才能避免师生对立。”“于是便在实践中强化这一认识：每位学生都潜在地帮助我提高教学能力，我应该到学生中去找我的助手。”“从某种意义上讲，越是学习后进的学生，越是能提高教师的教学水平，就像医生的医疗水平是在治愈疑难杂症的患者时提高的一样。”所以，教育者应该面对所有的学生，给每一个学生提供展示自我、发展自我的机会和

空间，让每一个学生都充满自信，深信“我行”“我是最棒的”。

追问要把握火候。我们的教学实践表明，学生的思维活动有一个分析和综合的过程，教师对他们思维活动的结果轻易表态或过早表态往往会压抑思维的展开，导致学生思维终止或浮于表面。因此，学生的回答不够完整或不准确时，教师要沉着，能在留白处耐心等待学生的心灵转向，不要把学生看作你传授知识的对象。让学生自由自在地、毫无拘束地进行思维活动。

总之，追问作为课堂教学的一种手段，永远都处于变化之中，只要我们能准确把握追问的切入点，实现追问的价值，我们的语文课堂必将充满着活力、充盈着张力。

四、有效追问，精彩生成

课堂教学的目的是使学生在文本研读的过程中掌握阅读方法，发展思维能力，而追问是实现这一目的的重要途径和有效的教学手段。如何做到有效追问，点燃学生思维的火把，实现生成的精彩呢？

一是注重追问的随机性。语文新课标明确指出：学习方式的转变，意味着必须关注学生的学习过程和学习方法。也就是说，教学的视线应由过去的关注学习结果转向关注其学习过程。课堂上的追问必须根据学生学习的生成情况随机调整，如此才能调动学生思维的积极性和思考的深刻性。

追问于无以对答时。很多时候，学生在回答教师的提问时，答案总是雷同的。譬如说，在教学完《船长》一文后，教师问学生学完此文后有何感想，学生的回答大都是：“佩服”“敬佩”“感动”“震撼”……这样的表述基本上都是旧知或在重复别人的意见，学生的“无语”使课堂显得那么呆板。可是我们要相信学生是有能力的，是聪明的。在略显停滞的课堂上，教师可以采用如下追问：“联系课文，说说你佩服船长的什么？能结合自己的理解，说说令你感动的原因吗？”教师适时的追问，打开了学生思维的天空，引导学生走向教学的深处，此刻，学生的回答是如此动听。

追问于思考欠深时。教育家朱熹说，读书无疑者需有疑，有疑者却要无疑，到这里方是长进。教学就是在设疑、释疑、解惑这个过程中循环往复。在这个过程中，学生的认识总会有差异，面对提问后学生的回答不到位，很多教师的习惯做法是打断学生的话让其坐下，或是忙着替学生回答未答完的内容。此时，教师若不急于进行下一个教学环节，而是静心听完学生不够到位的回答，凭借自己对文本的理解，巧妙地运用追问给学生一个善意的提示，便可为学生搭设思维跳板，帮助学生开拓思路，突破难点，活跃思维，使他们在更高层次上继续思考。教师的“推波助澜”，可让学生有“柳暗花明”之后的豁然开朗。

二是注重追问的巧妙性。巧妙的追问，可以引发学生深入思考与研究，促使学生在自觉不自觉中提高自己的思维水平。当学生思维还未启动时，教师需给予适当的追问，唤起学生的注意；当学生在积极思考的过程中遇到障碍时，教师需给予适当的追问，为学生开启一个解答问题的新角度和新思路，激发学生在更高层次上继续思考，创造精彩生成。

在赏读《迢迢牵牛星》时，不少学生觉得此诗写得太过平常，看不出其好在何处。当教师提出欣赏诗的头两句“迢迢牵牛星，皎皎河汉女”时，众生皆笑。面对这一状况，教师从书下的注释切入，很快令学生发现这两句诗采用了互文的修辞手法。随即教师提出：既是互文，为何不说“皎皎牵牛星，迢迢河汉女”。此问令那些面无表情的学生也陷入了沉思。一学生回答“迢迢”是距离遥远的意思，用“迢迢”写牵牛星，让人联想到他是一个远在他乡的游子；“皎皎”写“星光之亮”，用它写织女星，让人联想到女性之美。教师没有马上给予评价，而是顺着该生的思维追问，那为何不说“迢迢牵牛星，皎皎织女星”。学生认为都以“星”结尾，显得重复呆板。教师反问重复一定不好吗，接着以李商隐的《夜雨寄北》引导学生从押韵的角度去分析，最后教师做出评价和总结。课例中，教师有效地找到打开学生思维的突破口，捕捉课堂不可预设的生成契机，包括学生异于常规的举动，即时体验的碰撞等，并有意识地搭设思维跳板，帮助学生的思维顺利越过障碍完成转折。

三是注重追问的有效性。追问要讲究质量，讲究实效，不可“满堂问”或“随意问”。如果课堂上连续提问，或是非问，或选择问，或填空问，或随意地问，学生则习惯性地举手，不经思考地仓促抢答，表面热热闹闹，实际效果甚微，与新课程的教学理念也背道而驰。因而追问要准确地把握时机，注重追问的有效性，找准切入点，在最佳突破口点拨学生。“不愤不启，不悱不发”。

追问也是这个道理，真正找准思维的触发点，就能激活学生思维，大大提高课堂效率。

我们来看一位教师执教孙犁《荷花淀》时，引导学生分析水生嫂的一个片段。

“你走，我不拦你。家里怎么办？”一个学生点评说：这一对话显然可以看出水生嫂的内心矛盾，从面子上，从大道理上，她不能不支持丈夫，但从家庭角度，从个人情感上，她又不忍心丈夫离开。

老师这样追问：“你的分析是有道理的。那我想进一步与你讨论，你认为在水生嫂身上，这个矛盾是真的矛盾吗？”

学生1答：不是。

老师又问：为什么？

学生2答：因为从整体看，从前后文看，她是识大体、顾大局的。

老师问：既然这样，你前面的矛盾说是不是很准确呢？

学生1答：不太准确。

老师：那应该如何说？

学生1：我觉得应加上：当然，这种矛盾也是表面上的，实际上，又是不矛盾的。

老师：你能够把不矛盾解释得更清楚、更深刻一点吗？

比如说，既然如此识大体，顾大局，又为什么要说“家里怎么办”这样拖后腿的话呢？

……

学生2答：我认为这是水生嫂的幽默。

学生3答：我觉得这个特定的氛围中，水生嫂将与朝夕相处、深情相爱的丈夫生离死别，不可能冒出什么幽默。我理解的这应是水生嫂希望丈夫明白他离家后家庭的难处，知道她在家中将要承担的辛苦，从而更多地理解自己，看重自己，特别是离别前能够对自己更多安慰和爱抚。

这位教师紧握“矛盾”一词触发追问，由表及里，层层深入，最终让学生深刻感受到水生嫂复杂而细腻的心理活动，开掘出货真价实的语文味。追问触发点精准性的缺失，会让语文教师因问题设置方向的迷失，丧失正确引导学生思维的主动权。所以，敏锐捕捉学生的反馈信息，找准触发点是追问成功的关键。

四是注重追问的层次性。追问要有层次，设计的问题要层层递进，层层深入，难易适度。有层次且难易适中的追问，不仅能让学生易于思考，易于接受，而且能激发学生探讨问题的激情和兴趣，促进学生思维的发展。教师以问促思，以问促情，以问感悟，循序渐进，由表及里。学生在递进问题的回答中，不仅能说出答案，讲出原因，谈出道理，激发情感，而且能对作品深入理解，使学生的思维和推断能力递进上升。

我在观摩《丑小鸭》示范课时，其中有一个环节是加修饰语，“但那不再是一只粗笨的、深灰色的、又丑又令人讨厌的鸭子，而是一只——白天鹅！”让学生在“天鹅”前加上合适的修饰语。一位学生填的修饰语是“聪明、美丽、洁白”。老师追问道：“你是根据什么来填的呢？”

生1答：“前面一句修饰丑小鸭的词语是‘粗笨的、深灰色的、又丑又令人讨厌的’，所以与前面修饰丑小鸭的词语相照应。”

老师肯定他所用的照应的方法，并且继续追问：“这个方法好，那么还可以从其他方面进行照应吗？”

生2答：“可以填洁白、高贵、幸福的天鹅。洁白是外表的美丽，高贵是内心的美丽，而幸福是因为他以前的生活太难受，鸭儿们啄他，小鸡们打他，喂鸡鸭的那个女佣人也用脚踢他，与以前的生活相照应。”

老师由衷地赞扬道：“你填的修饰语已经不再是简单的词语的照应了，更是明白了生活的真谛。是的，只有经历过痛苦的人才能感到幸福，所以我们有时要感谢生活。”

学生回答问题经常只是说出“是什么”，而不是跟着再说出“为什么”，那么教师在评价时，就不要急于肯定他说得好，而应紧跟着追问缘由。这样答得好的，能让其他同学明确思路；答得不好的，在叙说缘由时，可以引起争辩，启发思维。

课例中这位教师的三句话，可谓是层层推进，步步生成。既让学生明白了此处修饰语使用的方法，提高了语文素养，更让学生有了情感、价值观的自然提升，尤其是最后一句话的适时补充，让学生情有所动，心有所思。

要善于把握合适的追问时机，引导学生在无疑处生疑，于无疑处思疑，从而激活学生的思维，培养学生深入思考问题的良好习惯，养护学生的言语生命力，生成新的教学资源，使课堂对话更富实效。

第四节　问题群设计与学生思维能力培养

一、问题群：学生思维发展的路标

建构主义理论的核心思想是通过问题解决来学习。在严谨的课堂教学推进过程中，往往由几个问题构成活动板块。这几个问题构成问题群，形成课堂教学的问题情境。问题群有助于进一步引起对问题意识培养的重视，注重通过问题的设计，使课堂教学在环节上联系紧凑，注意抓住学生的思维活动，正确引导学生围绕问题进行积极的思考，有助于激发学生的思考兴趣，形成善于思考的习惯，培养学生的思维能力，有利于提高教学的实效性。

（一）辐形问题群——学生广阔思维的向导

在辐形问题群中，有一个中心议题，围绕这个中心议题向四周散射出若干个小问题，理解、解决了这若干个小问题也就可以理解、解决中心议题了。然而，与纵向层递结构不同的是，各小问题之间是并列展开的，它们或是起点或是终点，但都直接指向中心议题，就像车轮中的辐与辐之间的并列关系。

例如《醉翁亭记》课例。

教师提问：大家能不能从描写、记叙的角度梳理课文脉络？

生1：亭外山水风光——山中朝暮四时——亭下官民同乐——宴后太守醉归。

生2：点出亭——亭外景——亭中宴——离亭归。

教师继续提问：大家刚才议论的第二种说法的每一层中都含有“亭”字，能不能都含有“乐”字呢？

生3：总写乐——山水之乐——宴酣之乐——醉归之乐。

生4:总写山水之乐——赏景之乐——与民同乐——自知其乐。

教师追问:能不能都含有“醉”字呢?

生5:醉翁之意在山水——醉于山间朝暮四时——醉于升平之乐——醉在内心深知的乐趣。

教师继续追问:能不能都含有“醉翁”“乐”呢?

生6:醉翁喜山水之乐——醉翁爱赏景之乐——醉翁与民同乐——醉翁自知醉翁之乐。

……

这一课例提出四个问题组成的问题群,设计了多个兴奋点:从不同的角度,按不同的要求,让同学反复梳理课文的脉络,有效培养了学生思维的广阔性。这个问题群内部问题之间的逻辑性表现了教师清晰的思路,从“亭”到“乐”到“醉”到“醉翁之乐”,重点突出而又能让学生理解透彻。

(二)梯形问题群——培养学生深刻思维

梯形问题群就是问题与问题之间存在层递关系,就像梯子一样,其间有一定距离,一级一级向上,层层递进。这种问题群通过一环紧扣一环、一层递进一层的提问,引导学生的思维不断向知识的纵深发展,并且通过层层剖析,循序渐进地解决难度大而深的问题,或者阐明具有一定难度和深度的道理。

笔者在执教《爱莲说》时设计了这种问题群,分三个层次向前推进教学。

1. 畅读五分钟,思考:①这篇文章之所以朗朗上口的原因是什么?

(同学们体会到的有:散句与骈句的交错运用,长句与短句的错落有致,叙述、描写、议论熔为一炉,疑问句、感叹句的穿插使用。全文言简意丰,文笔摇曳多姿,诵读起来格外舒畅。)

2. 学生诵读课文,思考:②全文的主体形象和陪衬形象是什么?作者从哪几个方面描绘了莲的形象?③文章怎样表现莲的品质?

(教师综合同学们的阅读分析所得:②全文的主体形象是莲,陪衬形象是菊和牡丹。作者从生长环境方面,描绘了莲的高洁和质朴;从体态香气方面,写了莲的正直和芳香;从风度方面,写了莲的清高。③文章表现莲的高洁品质,从三个方面入手:直接描写形美,菊和牡丹烘托,作者抒情议论。)

3. 学生思考：④直接写莲花的句子的作用是什么？（教师对课文中需要着重理解的地方进行讲解。句句写景，又句句抒情；句句赞莲花，又是句句赞君子，既是描写，又表现了作者洁身自好的情趣和清高思想。）

教师根据文本特点设计了四个层次的问题，引导学生朗读、析读，并通过讲读，引导学生斟酌思量。这四个问题之间呈递进关系，一环紧扣一环，逐步深入，后一个问题在意义上是前一个问题的高层次或者深层次的发掘——音美→形美→意美，层层铺垫，顺利推进，水到渠成；并且注意问题的"答题距"适当，避免了"难而偏"或"浅而易"的提问。这些问题既需要学生深思熟虑，又是力所能及的。这样有利于学生自发地产生探索问题、寻求答案的内心需要，有利于激发学生的好奇心、求知欲，大大促进了学生思维力的发展，有效培养了学生思维的深刻性。

（三）树形问题群——有效提升学生的思维品质

树形问题群中各问题之间存在总分、并列或递进的结构关系，起承转合，逻辑缜密，就像一棵"问题树"，有"问题干""问题枝""问题叶"，干、枝、叶之间生长自然，行云流水。

如《陋室铭》一课的教学案例。此案例的提问设计如行云流水，别具一格。

第一组提问：

1. 粗读课文后，同学们对陋室总的印象如何？（陋室不陋）

2. "陋室"为什么"不陋"？（斯是陋室，唯吾德馨）

3. 这八个字中哪两个字最为关键？（德馨）

第二组提问：

4. 作者的"德馨"表现在何处？（"苔痕上阶绿"至"无案牍之劳形"五句）

5.（讲析"苔痕"两句的环境、两个用得好的动词、写景的顺序）到这里来的人多吗？（不多，从"苔痕上阶绿"可以看出）

6. 到陋室来的人不多，到底是些什么人呢？（鸿儒）

7. 作者为什么要写自己的朋友是些什么人呢？（写自己的朋友是博学之士、高雅之士，以显现自己"德馨"）

8.朋友走了之后做些什么呢?(调素琴、阅金经)

9.可以看出室主人的志趣如何?(高雅)

(教学中顺势板书:景、友、趣)

第三组提问:

10.作者明明赞颂自己的陋室,为什么又写"诸葛庐""子云亭"?(以"庐""亭"比"陋室",以"诸葛""子云"自比)

11.作者自比"诸葛""子云"的目的何在?(表明作者想从政治上和文学上都干出一番事业)

12.那么,可以看出作者是个什么样的人?(有远大抱负)

13.由此看来,这一句在表意上是"蛇足"还是更进一层?(更进一层,是"德馨"的深化)

14.全文结局照应了文中哪一句?(唯吾德馨)

(讲析中穿插诵读、背诵训练)

第四组提问:

15.同学们能交流一下自己的座右铭吗?

16.同学们愿意欣赏仿铭新作吗?

……

这个教例的教学意义在于提供了一个树形问题群。第一组问题是解决"是什么"的问题,要求学生在整体阅读的基础上扣住文章标题《陋室铭》思考,属于树形问题群中的"问题干",是本课研读的基础性问题。通过阅读文本,理解陋室的特征——陋室不陋,关键在于主人"德馨"。第二组问题是解决"怎么样"的问题,"德馨"体现在"景、友、趣"三方面。这是"问题枝1",它与"问题干"之间是顺承关系。第三组问题是解决"为什么"的问题,是对文章主旨的揭示和深化。这是"问题枝2",它与"问题干"之间是递进关系。第四组问题是要求学生联系自己的实际,对文章主旨"德馨"进行拓展,又是对全文理解的一个总结。因此,问题群中的四个问题组中又存在"总——分——分——总"的逻辑结构。

另外,每一组提问中的小问题,可以称之为"问题叶"。其作用非同小可,有的提问起铺垫作用，有的提问起过渡作用，有的提问起活跃气氛的作用。此中最具有艺术的，是不少的“曲问”或“逆问”，例如第5、6、7问，带着学生深入课文。它们一反文言文教学中的串讲，让学生在每一句课文的理解中都绽放出思维的火花，有效地培养了学生思维的流畅性。

问题群教学是把问题作为教学的核心，即教育教学是以问题为中心进行的一种教学。这种教学符合学生思维活动的规律，也符合培养学生积极的思维这一要求。因此，为了提高课堂效率，避免课堂提问的零碎性和随意性，我们必须精心设计教学问题，创设有效问题情境，构建最佳问题群，全面考虑问题之间的多重关系——并列关系、递进关系、总分关系、综合关系，最大限度地激发学生思维的积极性，培养其思维的广阔性、深刻性、流畅性，不断锻造思维品质。

二、问题群：问题导学范式的骨架

随着课程改革的深入，人们对课堂教学范式的探索也进入了新的发展阶段，各种课堂模式可谓百花齐放。问题导学范式是落实新课程目标的有效方式之一，并被基础教育界广泛采用。它是建立在建构主义教学理论、问题连续体理论、多元智力理论基础上的一种新型教学方式，它以问题为纽带，把教学内容转化为有价值的、值得探究的、有多种解决方法的问题；以思维训练为核心，学生在“提出问题——分析问题——解决问题——产生新问题”的过程中掌握知识，习得方法，训练能力，优化思维；以“自学探究——小组合作”为基本形式，在教师的引导下，学生进行自主学习、合作探究式学习。其教学过程不是简单的知识传授，而是把问题的提出和解决贯穿课堂教学的全过程，教学操作流程及思维流程如下。

1.操作流程：创设问题情境——诱发问题意识——组织文字提出问题——分析思考讨论问题（学生自主探究、学生合作探究）——教师引导——解决问题——发现新问题。

2.思维流程：置疑——质疑——思疑——释疑——再生疑。

在课堂问题导学范式中，优质问题的提出是有效实施问题导学的重要前提和根本保证。一堂课往往由几个(组)问题构成活动板块,形成塔式课堂结构,学生解决问题的进程是按照图1所示的方向进行的。塔底层是学生的自主探究学习,塔中间是小组合作学习,塔顶层是班级交流展示学习。

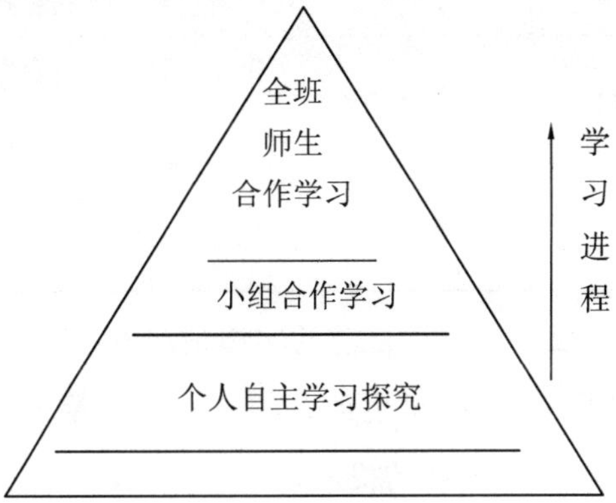

图1　塔式课堂结构

这几个(组)问题构成问题群,不同阶段的问题群(如表1所示)使课堂教学环节联系紧凑,形成课堂教学的有效问题情境,牢牢吸引学生开展思维活动,培养其善于思考的习惯,促进其思维品质的提升,有利于实现教学目标。

表1　问题群类型及学生思维特点

塔顶	树形问题群:思维聚合,深刻思维
塔中	梯形问题群:思维碰撞,新颖思维
塔底	辐形问题群:思维发散,个性思维

塔式课堂结构各阶段的功能和特点如表2所示。“塔顶”学习的主要内容是指在前两个阶段的学习中学生没有解决的问题、虽然已经解决但是能激起智慧碰撞的内容、蕴含学科思想的内容。在前两个阶段要消化60%～80%的内容,才能确保学习过程没有简单重复,确保“塔顶”的深度交流。

塔式课堂结构在实际教学中有两种操作样式:“大塔式”和“小塔式”。“大塔式”是指整个教学过程就是一个塔;“小塔式”将整个教学过程分成几个小塔。不同基础的班级,可以采用不同的塔式结构。

表 2　塔式课堂结构各阶段的功能和特点

阶段	学习方式	学习内容	学习特点
塔底	自主学习	全部内容	全面自学，个人探究，提出问题（教师引导）
塔中	小组合作	部分内容	落实基础，合作探究，分析问题（教师辅导）
塔顶	班级交流	重点内容	提升思维，合作探究，解决问题（教师指导）

课堂教学问题从哪里来？从目前的实施情况看，其来源存在两方面的不足：一是问题由教师提出，缺少学生的参与。教师在绝大多数情况下“包办”地提出问题，学生只有依据教师的提问进行思考，没有自己提出问题的机会。二是问题的提出过程单一，缺少互动生成。在提出问题的过程中，偶尔有学生参与，但学生提出的问题大多数是零碎的和浅层次的，缺乏归纳、整合、提升，更没有师生之间的互动和生成，缺乏深层性，基本不具备核心教学价值。

优质问题的产生不能完全依赖于教师，而应该源自学生的阅读、思考和师生的互动、交流。所以，在问题导学范式引领下，依据塔式课堂结构的要求，问题群的形成有以下流程：个人自主学习阶段填写问题条——小组合作阶段形成问题链——班级交流阶段生成问题树。下面，以《孔乙己》教学为例，谈谈具体操作方式。

第一，个人自主学习阶段填写问题条，形成辐形问题群。

在课前的预习阶段，教师给学生提供一些自学材料（文本资料、新课程导学资料等），让学生提出自己的疑问，并填写问题条。为了具体落实、可操作，笔者对学生的提问类型和数量作了明确的要求，每位学生提出的问题要包括三类：一是三个基础问题，覆盖全部知识点，即通过自己学习能够解决的问题。这类问题一般来说是文本中最基本的内容，绝大多数学生能够自学完成的问题。二是二个疑惑问题，即有探究价值的，需要同学或老师帮助的问题。三是一个共享问题，即有独特见解的，在预习过程中自我发现的、具有创意的看法，值得同学分享的问题。通过这三类问题的提出，学生的预习环节落到实处。基础问题的提出，减少了课堂教学中的重复；疑惑问题的提出，明确了课堂学习中探究的方向；共享问题的提出，激发了学生进一步学习的积极性。这些问题都具有个性化特征，建立在此基础上的学习，是充分考虑了学情，体现以学定教的思想，具有较强的针对性，不仅可以调动学生学习的积极性，也能够有效地解决共性发展和个性发展的统一。

例如，王俊同学在预习《孔乙己》时提出的问题：

基本问题：1. 小说中的“我”是不是鲁迅？ 2. 本文的线索人物、主要人物分别是谁？ 3. 孔乙己的长衫有什么意义？ 4. 文章开头的环境描写有何作用？

疑惑问题：1. 孔乙己的姓名是否有含义？ 2. 丁举人为什么对孔乙己如此狠毒？

共享问题：1. 众人为什么笑孔乙己？ 2. “笑声”在文中有什么作用？

上述问题中，基本问题还是很简单的，学生自学教材就可以完成。但是要求学生独立提出，主要意义在于使学生形成一种问题意识，养成边读边思、及时提问的好习惯，有利于学习内容的问题化。疑惑问题 1 和 2 是建立在仔细研读文本，充分利用教师提供的补充材料的基础上，经过思维碰撞，在同学和老师的帮助下可以解决的问题。共享问题是建立在仔细研读文本，充分利用教师提供的学习材料，经过思维的碰撞，最终解决并有新发现的问题。

在这一阶段，学生个人提出的三类问题，构成了问题群的雏形。提出的问题有真问题，有假问题；有共性问题，有个性问题；有好问题，有一般性问题；有超范围的问题，有亟须解决的问题。学生的思考具有个人的特性，产生的问题表现出思维的发散性。但总的来说，这是我们课堂有效教学的基础和前提。

第二，小组合作阶段形成问题链，产生梯形问题群。

在课堂学习的初始阶段，各学习小组将组内成员各自的问题，进行互动重组，并以链条的形式将一个个问题按照序列层级呈现出来。问题链与问题条不同，问题条是个别的，问题链是小组共同的；问题条中的问题是散乱的，问题链中的问题是有序的。具体做法是：以学习小组为单位，各成员之间相互交流、释疑，删除那些低级的问题，互动解决各自的基本问题，重组共性的、尚不能解决的疑惑问题，整合、提升共享问题。例如，班级第八小组提出了这样的问题。

疑惑问题：1.众人为什么笑孔乙己？2.为什么小伙计只有在孔乙己到店时才可以笑几声？3.小孩子的笑与其他人的笑是否一样？

共享问题：保留了王俊同学的问题——“笑声”在文中有什么作用？

因为基本问题都在教材中可以直接找到答案，比较简单，小组同学内可以互相帮助解决，并且大多数同学的基本问题都相似，所以，在第二阶段，就不必呈现基本问题，仅保留疑惑问题和共享问题。这些疑惑问题和共享问题是以小组为单位，经过对问题的归纳、整合，形成一个个问题链，求助其他同学的帮助来解决。这些问题是对自学阶段（问题条阶段）的发展。

我引导学生围绕第八小组的疑惑问题和王俊提出的共享问题，启发他们把思维聚焦到一个问题上——找出文中描写“笑声”的句子，并思考其含义、作用。这样把小说中的大多数人物通过“笑声”进行联系，形成具有层次感和序列性的问题链，构成梯形问题群。梯形问题群中，问题与问题之间存在层递关系，就像梯子一样，其间有一定距离，一级一级向上，层层递进。

在这个阶段，通过小组合作的交流和帮助，有些个性化的问题被攻克，基本问题被解决，避免了课堂教学的无效性，增强了教学的针对性。通过去粗取精、去伪存真的辨别、整合，有些有个性、有特点的问题被延伸、拓展、优化为小组内共性的问题，得到了进一步的提升，层次变得更高。整个过程都是学生完成的。所有问题都是由学生们交互建构而来，这有利于充分激发学生学习的自主性和交互性，学生的知识和智慧在第一阶段学习的基础上得到了更好的发展，为下一阶段的学习奠定了扎实的基础。

第三，班级交流阶段构建问题树，生成树形问题群。

在具体的操作过程中，教师为学生提供一个问题干——具有教学价值的核心问题。这个问题干要依据学情（已有的知识经验和学习心理），指向教学目标，这是统领各组问题链的中心。在各小组呈现问题链的基础上，教师引导全班同学以各小组为单位，围绕问题干即核心问题，对这些问题链进行再次整合，构建出一个网状的问题树。问题树与问题条、问题链之间的关系是整体与个体的关系。

我对全班十四个学习小组的共享问题进行归纳、综合，有以下三类问题：

1.为什么孔乙己是站着喝酒而穿长衫的唯一的一个人？

2. 文章结尾“孔乙已大约的确死了”是否矛盾？

3. 文中描写“笑声”有几处？“笑声”可以分成哪几类？其含义是否相同？思考“笑声”在文中的作用。

这三类问题构成树形问题群。其中各问题之间存在或总分或并列或递进的结构关系，起承转合，逻辑缜密，就像一棵问题树，有问题干、问题枝、问题叶，干、枝、叶之间生长自然，行云流水。

班级集体讨论第三组问题。教师提示问题干——体会“笑声”的作用；让学生思考问题链：找出描写“笑”的句子——分类归纳——比较异同——探究其作用。讨论结果：第一环节：找出描写“笑”的句子——同学们找到十二处。第二环节：分类归纳，“笑”有四类。(1)咸亨酒店顾客冷漠、无聊的笑。(2)掌柜冷酷、自私的笑。(3)小伙计解脱、解嘲的笑。(4)小孩子们天真、幼稚的笑。第三环节：比较四种人笑的异同 。第四环节：联系全文体会“笑声”的作用：(1)“笑声”是连接文章内容的一根红线；(2)通过对“笑声”的描写，增加人物的悲剧色彩；(3)“笑声”有力地表现了文章主题。

在分析、讨论的过程中，其他两个问题也迎刃而解。学生的思维在与同学的讨论、争辩中得到锻炼，在教师的引导、点拨下得到升华，表现出学生思维的聚合性、深刻性。

问题是思维之源，思维之资。为了提高课堂效率，避免提问的零碎性和随意性，我们让学生填写自己的问题条，形成辐形问题群；引导小组讨论形成问题链，产生梯形问题群；班级讨论生成问题树，组合树形问题群，精心设计核心教学问题，创设有效问题情境，全面考虑问题之间的多重关系——并列、递进、总分、综合关系，最大限度地激发了学生思维的积极性，锻造其思维品质——思维的广阔性、深刻性、流畅性。总之，问题群的建构在语文问题导学范式中具有骨架之功。

三、问题间的逻辑结构：培养学生思维能力的桥梁

研究表明，人类的思维总是在提出问题和解决问题的过程中进行的。语文课堂就是由多个问题构成的“问题树”形成的生态，由“问题种子”的播种而形成“问题干”，并长成一个或几个“问题枝”，进一步生成“问题叶”；学生的思

维之花就开在对“问题干”“问题枝”“问题叶”的思考过程中。问题之间存在一定的逻辑关系，课堂生态是否绿色，取决于提问质量的好坏；课堂效率的高低，取决于学生思维质量的好坏。要使语文课堂“生态环保”，增强课堂提问的有效性，培养学生良好的思维品质，提高其思维能力，就必须注意问题间的内在逻辑结构。

（一）注意问题间的并列结构，培养学生思维的广阔性

在横向并列的问题结构中，围绕一个中心议题向四周散射出若干个小问题，理解、解决了这些小问题也就可以理解、解决中心议题了。从不同角度切入提出的问题，都直接指向中心议题，问题与问题之间的关系是车轮中的辐与辐之间的并列关系。

上海市特级教师徐振维老师的《〈白毛女〉选场》教学就是典型的案例。徐老师设计了四个问题。

1. 你能不能找出例子，说明人物的动作是符合他的身份和性格的？

2. 说明语言也是符合人物性格和身份的，不同的人物对同一事物都有不同的语言。

3. 从同一人物对同一事物前后不同的语言中，理解人物的性格在变化。

4. 上面分析人物语言与身份性格的关系，都是通过一段一段的话，或者一句一句的话来进行的，能不能再从一个角度，即从人物的只言片语来分析人物的身份和性格呢？

徐老师从四个不同角度提问，让学生从四个方面去阅读、思考，但都是围绕一个中心问题——分析语言、动作与人物的身份、性格的关系。教师利用四个问题让学生切切实实地把课文从整体上各有重点地挖掘了四遍，不仅文体教学的特征分明，而且教学容量大，令人惊叹。这四个方面不分先后，既可以综合考虑，亦可择其一个侧面。四个问题引导学生从四个方面进行思考，四个“问题枝”之间是并列关系，均可通达课文的主旨，有效地培养了学生思维的广阔性。

（二）注意问题间的递进结构，培养学生思维的深刻性

问题间的递进结构是指问题与问题之间的难易度存在一定梯度，具有递进关系。教师通过一环紧扣一环、一层递进一层的提问，引导学生的思维不断向知识的纵深发展，并且通过层层剖析，循序渐进地解决难度大而深的问题，或者阐明具有一定难度和深度的道理。纵向递进结构的问题是以链状结构环环相扣的，解决前一个问题是解决后一个问题的前提或基础。各个问题之间的关系是一种依赖性关系，呈链状。

我在执教《孔乙己》时设计了一个问题链：找出描写"笑"的句子——分类归纳——比较"笑"的异同——探究其作用，这种设计收到了很好的效果。

我分四个层次围绕主问题"笑声"进行研讨。四个"问题枝"之间呈递进关系，有效地吸引了学生的注意力，培养了学生思维的深刻性。

注意问题之间的递进结构，一是注意提问时要由浅入深，一环紧扣一环地展开，后一个问题应该是前一个问题的高层次或者深层次的发展。二是注意所提的问题要由表及里，要注意适当的"答题距"，不要总是让学生轻易地答对，也不要一直为难学生，所提的问题适宜学生独立思考。三是注意提问时，学生的思维应该呈现波浪状递进。注意安排问题的广度和思考的力度，促进学生的思维不断深入。

（三）注意问题间的综合结构，培养学生思维的流畅性

所谓问题间的综合结构，就是提问先总后分，横纵综合。事实上，纵向的链状问题结构和横向的辐形问题结构经常在教学提问中综合使用。对纵向链状问题结构的某一环节进行拓展、分解，就成为横向辐形问题结构，反之亦然。

钱梦龙先生执教《愚公移山》时就采用了这种教学设计。

步骤1：同学们，《愚公移山》这个故事有其发生的原因，请大家想想并找一找文中哪个词能起引发故事的作用？（"平险"——愚公的一个想法和举措，引发了一个动人的故事。）

步骤2：分析、讨论故事的情节和写作技巧。（1）愚公要"平险"，"险"在

哪里？（找出故事的背景）为什么要“平险”？（故事的开端）“平险”是如何进行的？(2)推动故事情节发展的主要手段是什么？（人物对话）有两次对话显现了故事的曲折和波澜，能否找出来？(3)故事中还有一个生动的细节。

步骤3：分析讨论愚公的人物形象：课文是怎样表现愚公这个人物的？(1)正面描写——语言、行动。(2)鲜明对比——智叟。(3)侧面烘托——山高、路远，操蛇之神惧、帝感其诚。

钱老师提问的注意到问题间的综合结构，创造性地抓住“平险”这个词语，并以赏析“平险”为“问题干”作为文本学习的核心，成功地串起了课文的情节结构、艺术特点和人物形象分析。问题虽然不多，却很讲究问题出现的层次性——“问题枝(1)”与“问题枝(2)”之间内含层递关系。学生依据“问题树”的自然结构，在阅读、思考、讨论的过程中，体现了思维的自然流畅，学生的思维之花在综合结构的“问题树”上渐渐绽放。

教师提问注意到问题间的综合结构，不仅可以帮助学生获取文章或者知识点的完整印象，还能发展他们的思维能力，让他们做到先整体后局部，一步一个台阶形成思考的层次，最终获得整体性的知识。它要求老师所设计的问题一定要有全局观念，由总到分，前后的问题相互关联，在逻辑上层次分明，更能激发学生的思维兴趣，帮助他们尽快找到答案或者解题方法，或者让他们尽快理解正在学习的知识，以此提升思维能力。

问题间结构有并列式、递进式、综合式，这是一线语文教师在实践中总结提炼出来的教学经验，它对提高课堂效率有现实意义。只要教师认真种植“问题树”，悉心养护“干、枝、叶”，那么学生在课堂中就有可能开出“思维的智慧之花”，我们的语文课堂生态就更自然、更绿色。

第三章

主问题教学设计

第一节　主问题教学设计：以小说《孔乙己》教学为例

一、主问题设计应遵循的三“感”

当前的语文课堂上还存在着“满堂问”“一问一答”等现象，教师提出的问题，由于缺乏必要的深度，对学生没有思维的挑战性；学生由于习惯了回答问题的思维，也提不出高质量的问题，师生之间无法进行深层次的对话。教学处于一种惰性实践状态，课堂的创造性功能不能充分发挥出来，于是唤醒学生理性意识的问题教学法应运而生。如何创设问题情境，增强学生的问题意识，激发他们的学习兴趣，提高其思维能力，这是我们应该努力探索的问题。

有人说，读《孔乙己》，恰如欣赏一部充满笑声的悲剧；教《孔乙己》，却像品尝一盘略带苦涩的茴香豆。“笑”犹如调料，“笑”出了世俗者的冷漠，“笑”出了“我”对孔乙己的喜爱，“笑”出了孔乙己的可笑，“笑”出了科举制度的毒害。我从“笑”字入手，设计了问题链，进行教学预设的创新。

围绕“笑”，我设计了问题链：找出描写“笑”的句子——分类归纳——比较异同——探究其作用。

第一环节：找出描写“笑”的句子。

同学们共找到十二处。

第二环节：分类归纳。

《孔乙己》中，作者以第一人称的叙述视角，以“我”在咸亨酒店的见闻，截取孔乙己的生活片段加以描写。小说围绕“我”的“笑”和“我”看到的“笑”来叙事，“笑”字在作品中出现了十多次。其实仔细分析，可以把“笑”分成四类。

1. 咸亨酒店顾客冷漠、无聊的笑

咸亨酒店里的短衣帮们实则也是和孔乙己一样身处社会最底层的被统治者、被压迫者和被剥削者。可他们却没有意识到这一点，反而认为既然你孔乙己是读书人，却连半个秀才也没捞到，自然是不中用的人。几千年来“学而优则仕”的封建思想左右着人们对读书人的评价。他们是不觉醒的、麻木的、无聊的。他们嘲笑孔乙己滑稽的外貌：“站着喝酒而穿长衫”“身材高大，青白脸色，皱纹间时常夹些伤痕；一部乱蓬蓬的花白胡子”“穿的虽然是长衫，可是又脏又破，似乎10多年没有补，也没洗”“肮脏、颓唐、穷困不堪”，讨饭一样的人。他们更讥笑他的思想迂腐透顶、自欺欺人。“穿长衫”“排出九文大钱”，一幅穷酸相，“满口之乎者也”，摆读书人的臭架子；想清白做人而事实上却清白不了，又偏要争清白的面子。别人不但不把他放在眼里，反而拿他寻开心，故意逗乐戳痛他心灵上的伤疤，从他那“颓唐不安模样，笼上一层灰色”的脸上得到快乐，这种快乐是建立在孔乙己的痛苦和不幸之上的。短衣帮对孔乙己的嘲笑，是劳动人民对孔孟之道的蔑视的感情流露。本应该得到同样不幸的人们的同情，可是，短衣帮却拿他逗趣、开心，给他取绰号，嘲笑他的穷酸，可见病态社会中病态人们的麻木、愚昧。

2. 咸亨酒店掌柜冷酷、自私的笑

短衣帮的哄笑，只是一批麻木不仁、穷极无聊的社会底层的人们为排遣沉重、苦闷的劳动压力而寻开心、解苦闷。咸亨酒店的掌柜的笑却不仅仅是开心，更是一种没有人性的卑劣的、自私的笑。当孔乙己已经不成人样，用手“走”到店里来时，掌柜没有丝毫的同情与怜悯，仍然同平时一样，笑着对他说：“孔乙己，你又偷东西了！”这个“笑”简直就是幸灾乐祸的冷笑，一种狰狞恐怖的奸笑。当孔乙己带着恳求的神情希望他不要再刺痛他的心，却仍然换来“笑”。一个唯利是图、自私自利的市侩嘴脸被他的“笑”诠释得淋漓尽致。

3. 咸亨酒店小伙计解脱、解嘲的笑

文中的“我”是一个十二岁的小伙计，终日在酒店里做些“无聊的职务”，还饱受掌柜的呵斥、短衣帮的唠唠叨叨，天天如此，毫无生气与乐趣可言。本该无忧无虑、活泼好动，却因掌柜的一副凶脸孔、主顾也没好声气而活泼不得。能给小伙计无聊的生活带来一些活气的恐怕只有孔乙己了,“只有孔乙己到店,才可以笑几声”。这“笑”是少年对可笑之人的苦笑,是附和的笑,是发自内心的一种暂时的解脱,是灵魂的自我安慰。

4.咸亨酒店小孩子们天真、幼稚的笑

孔乙己是整个成亨酒店的“兴奋点”“开心果”。连酒店邻居的小孩子们围住他,他也没有感到厌烦,丢面子,反而“一人一颗”地分给孩子们茴香豆吃,迂腐的孔乙己个性中还是包含温和、善良与诚恳。天真幼稚的孩子们在孔乙己善意而真诚的举动中感到高兴,又为他着慌的憨态与可笑的话语而开怀大笑,唯有孩子们的笑才是不带任何阶级色彩的纯洁的笑。

第三环节:比较四种人“笑”的异同。

取笑孔乙己的人很多,应作具体的分析。酒店中取笑孔乙己的人,大多数是短衣帮的劳苦大众,这些人与孔乙己处于类似的经济地位,是被压迫、被剥削者,按理说他们应该对孔乙己的不幸遭遇和内心痛苦给以同情,不应该取笑孔乙己。不该取笑而取笑,这就有点奇怪了。怪在哪里?就是那“病态社会”,几千年的封建社会,人们的心灵扭曲变态,经济上的剥削与精神上的毒害,让人与人之间隔了一层厚障壁了。而咸亨酒店掌柜的取笑就不能同那些短衣帮一概而论,掌柜是一个剥削阶级的人物,他的取笑是对受苦人的一种玩弄,一种欺凌,这是由他的阶级本性决定的。鲁迅小说开了第一人称叙述视角的先河。在“小伙计”所接触的人中,“掌柜是一副凶脸孔”,主顾也没有好声气,这些“成人”们只会用世俗眼光看待孔乙己,看到的只能是一个落魄文人的穷酸潦倒、恶习难改。“小伙计”则出于被压抑的心理,用少年纯真的眼光看待孔乙己,看到的是孔乙己带给大家的欢乐;从孔乙己那可笑的言行中提炼出了诚实、善良的“可怜”与“可笑”,所以说“我”和那些纯真的孩子的笑是不带任何阶级色彩的。

第四环节:联系全文内容体会“笑声”的作用。

1.“笑声”是连接文章内容的一根红线(缩结全文的作用)

《孔乙己》一文第一部分先对社会环境作了描写,在这一部分的末句,自然地点出主人公孔乙己:“只有孔乙己到店,才可以笑几声,所以至今还记得。”这在引出孔乙己的同时，突出“笑”给人们造成悬念。

接着，文章第二部分具体描写孔乙己的悲惨遭遇。其中有两个片段集中写酒客对他的讥笑。第一个片段，酒客揭短，取笑孔乙己偷东西。拿孔乙己的伤疤来取笑，就是拿孔乙己的不幸和痛苦来取乐。

第二个片段，酒客讥笑孔乙己没有“进学”。孔乙己梦寐以求的是读书做官，却一生未能“进学”，这成了他最大的痛苦和羞辱，别人毫不留情地直戳他这块精神上的伤疤，正是击中了他的要害。

一、二两个片段，写短衣帮对孔乙己的嘲笑，孔乙己的性格在嘲笑中得到鲜明的表现。作者将短衣帮的嘲笑组织在孔乙己一次到酒店喝酒的过程之中，又切分为两个哄笑的浪潮。每个声浪前面又对孔乙己作一番介绍，从外貌说到身世，由表及里，步步深入。短衣帮的嘲笑的话题紧扣前面的介绍，故事情节的组织层层推进，而又波澜起伏。

文章的结尾这样描写：“孔乙己便在柜台下对了门槛坐着——他的眼色，很像恳求掌柜不要再提。——此时已经聚集了几个人，便和掌柜都笑了。”

孔乙己在笑声中出场，最后又在笑声中走向死亡。“笑声”贯穿全篇，这阵阵笑声与孔乙己的不幸遭遇形成了强烈的对比，它深刻地揭露了封建社会的黑暗和冷酷，同时也批判了群众的麻木。

2.“笑声”的描写，更增加人物的悲剧色彩（反衬作用）

《孔乙己》是一幕悲剧，然而全文没有一个“悲”字出现，贯穿全文的是一个“笑”字，作者这样写是有用意的。

当然文中不同的人对孔乙己的笑，其含义也不尽相同。孔乙己自身的可笑，是作者对封建文化、封建教育制度的嘲笑和讽刺、揭露和批判。

小伙计的笑，是不经意的、“附和着笑”。邻居孩子的笑，并非恶意，是“听得笑声”“赶热闹”的笑。短衣帮的笑，是为孔乙己不伦不类的样子、故弄玄虚的语言、迂腐无能的性格而笑，以求得无聊生活中的片刻快活。这是“病态社会”所致，反映了当时社会里人与人的关系冷漠无情。掌柜及穿长衫人的笑，是以欺凌、玩弄为目的的笑。这是阶级本性所决定的。“笑”是作者进行人物塑造的一种艺术手段。

小说以“我”为见证人，以“笑”为线索，让孔乙己在笑声中出场，在笑声中活动，在笑声中走向死亡。这样让悲剧在喜剧的气氛中进行，以“喜”衬“悲”，增强了小说的悲剧效果。

3.“笑声”更有力地表现出文章主题

《孔乙己》一文的主题是对国民劣根性和社会的冷漠的批判，对封建科举制度的批判，其目的是挖出造成社会病态化的原因并进行分析，以达到“治病救人”的作用。《孔乙己》一文只是借用了一个科举考试的失败者来作为主人公，以阐发他的小说的一贯主题。孔乙己的人生经历离不开笑。短衣帮的笑，掌柜的笑，小孩的笑。正是在这些笑声中，孔乙己一步步地与人们疏远，他走向了孤独。他也想实现自己的价值，可没有人让他这么做。可以毫不客气地说，孔乙己的悲剧是社会的悲剧，社会不肯接纳他，不肯认同他。这是一个多么冷酷的社会啊！人与人之间又是多么冷漠！

在《孔乙己》一文中，作者多次写到哄笑。孔乙己在哄笑声中出场，又在哄笑声中死去。咸亨酒店里的酒客们的冷漠和麻木，正是鲁迅所针砭的病态社会的毒瘤。当孔乙己不知去向时，掌柜的只记得“孔乙己还欠十九个钱”的债务，而没有人去关心孔乙己。渐渐地，孔乙己被人们遗忘了。作者对病态社会里异化了的人们对不幸者无动于衷的冷漠进行了解剖。

孔乙己被丁举人打折了腿，却得不到人们的同情，反而成了被取笑的材料。且不说丁举人如何歹毒，只要看一看人们的势利眼，你便会明白鲁迅写这篇文章的用意了。

《孔乙己》一文中的“笑声”并非可有可无之词，而是作者精心构思、巧妙安排之举，它不仅一线串珠，使《孔乙己》文章的材料联成一体，而且通过“笑声”的描写增强了人物的悲剧色彩，揭示了孔乙己的悲苦境遇、悲惨人生以及造成这一现象的原因——冷漠、麻木的人际关系以及封建科举制度对他的毒害，使这篇小说成为鲁迅作品中的精品。

我抓住“笑声”这一核心问题，创造新颖的教学设计，有效地激发学生们阅读文本的兴趣，吸引他们认真地阅读并进行深入的思考、讨论，收到了良好的教学效果。同时，我也思考了阅读教学预设问题时要注意以下三“感”。

1. 问题切入点的选择要有深刻感

上一堂课，就像下一盘围棋，要尽可能地拓宽其艺术空间，当然也要适度，因为课堂只有45分钟，为此要精心选择教学的“点”。其实我们通常所说的“重点、难点、疑点”，只要在新课堂中很好地加以落实就可以了。不过，以新的问题教学课堂设计理论而言，还要精心选择这些点。譬如重点，在不同的教学理论或者多元的文本解读之下，同一篇课文会出现不同的教学重点。在语文问题教学中，我们选择合适的“点”切入新课，要注意两点：一是要选择凸显语文教学的个性这个点，即以“语文问题”为教学的中心，要时刻牢记让“语文姓语”，让语文充满生活的源头活水，围绕生活情境创设问题，围绕课文设计问题，围绕思维演绎问题，这样组织的教学才不会“走题”，也不会让语文背上不该背的包袱，使语文课获得个性化的“本体感”；二是要选择一个“语文问题”中的核心问题作为一堂课教学的重点。一堂课会面临许多问题，但我们一定搞清楚这堂课的主要任务是什么，然后用能够完成这个任务的、最需解决的问题跟进，这样便于教学评价与检测，使语文课获得清楚的“深刻感”。

我在请学生预习《孔乙己》一课时，学生阅读之后提出了20多个问题。如，孔乙己的姓名是否有含义？众人为什么笑孔乙己？为什么小伙计只有在孔乙己到店时才可以笑几声？小孩子的笑与其他人的笑是否一样？等等。我思考再三，要在有限的时间内解决这20多个问题有无必要？如果有必要，应该如何解决？于是，我引导学生把焦点集中到一个问题上——找出文中描写“笑声”的句子，并思考其含义、作用。这样把小说中的大多数人物通过“笑声”进行联系，同时把同学们提出的20多个问题围绕“笑声”二字进行勾连，做到纲举目张，其他问题也迎刃而解。

2. 问题点的演绎要有丰富感

点选择好了，接下来就是要将点演绎成线、面、体，使之成为一个丰富而具体的点。这种演绎必须以演绎文本中的点为基础，就是要紧扣文本。在这个部分，相当于要把课堂的“猪肚”部分撑满，事实上也就是对第一部分提出的问题进行解决的思维和实践过程，为此我们要学会采用“分想思维”：一是分形去想，课堂中的许多问题都是一个大问题的分支，我们要敏锐地看到这一点，学生解决不了一个难题，我们可以将其拆散，学生纠缠于杂乱的问题无法自拔，我们适时将其合并，使课堂充满能屈能伸的“张力感”；二是分步去想，课堂中的问题很多，但会在不同的教学时间内提出，我们要依据不同的教学契机对它们各个击破，使课堂获得张弛有道的“节奏感”；三是分质去想，课堂中问题的思维质量是不同的，引起的教学效益相差甚远，因此我们要果断抓住那些富有思维价值的重点、难点、疑点问题，在关键处浓墨重彩地组织教学。为此，我们要想方设法开放课堂教学的空间，激活学生的思维，整合教学资源，鼓励多元解读，使学生获得体验上的“高峰感”。

3. 问题链的排列要有层次感

课堂上我们采用一个“点”进行教学，这个点就像一粒思维的种子，“点的选择”就是选种、播种，“点的演绎”就是育种、培种，“点的排列”就是设计与策划种子的成长路线图。这个成长路线图有一个基本的模式：从思维上说，课堂教学的线索应该是一个“问题链”，丝丝入扣，环环相连，使课堂显得很紧凑，消除学生的审美疲劳，使语文获得结构上的“平滑感”；从结构上说，一堂课的成功离不开有意味的形式，一种独特的秩序感。这种秩序感当中最重要的又是层次感，层次感使得秩序远离平铺直叙、平淡无奇的生活语境。譬如《孔乙己》中的“笑”，我分四个层次围绕主问题“笑声”进行研讨。先请同学们找出文中描写“笑声”的句子；第二层次，请大家思考笑声的类型；第三层次比较其区别；第四层次思考其作用。这样把小说中的大多数人物通过“笑声”进行联系，同时把同学们提出的20多个问题围绕“笑声”二字进行勾连，抓住了主要问题和问题的主要方面，其他问题便迎刃而解。

由于教学设计时问题点的选择目标集中，切中要害，突出重点、突破难点，又注意到问题链的梯度、层次性，这样学生在解决这一问题时始终处于积极思考的状态之中，课堂气氛非常活跃，讨论也具有相当的深度，教学达到了预想的目标，收到了较好的效果。

二、主问题设计的三个原则

问题，作为教学中的重要元素，它是学生阅读文章、理解文本的推进器，是学生智力发展的重要载体。问题有真伪、主次和高下三种境界。问题提出的切入点非常有讲究。以《孔乙己》为例，我在实践中从“半”字入手，让学生找“半”字，思考“半”字的含义，将其作为阅读教学的主线，成为全课讨论的主问题，并产生问题链，有效地促进了学生的思维能力的发展，提高了课堂教学的实效性。

师：《孔乙己》一文，作者主要是通过外貌、语言、动作等方面的描写来塑造孔乙己这个人物形象。但是细心的读者又会发现，孔乙己的一生始终没有跳出一个“半”字，正可谓是“半”生不遂，让人可悲可叹。同学们认真品读原文，思索有哪些与“半”字有关的内容。

生：他说话让人半懂不懂。每当来到酒店时，他总是说一些“之乎者也”之类的话，让人听了半懂不懂。当别人取笑他偷书时，他却说：“窃书不能算偷……窃书……读书人的事，能算偷么？”紧接着就是什么“君子固穷”，什么“者乎”之类的话。他用这些半懂不懂的话一方面是为了搪塞别人，应付那种使自己尴尬的局面，另一方面是表示自己的所作所为都是经书上圣人所教，非一般人所能理解，很带有卖弄之意，使人读了深感他的迂腐不堪，麻木不仁，自欺欺人。

生：我补充一点。当孩子们再向他要茴香豆吃时，他却说：“不多不多！多乎哉？不多也。”仍然是说“之乎者也”等内容，这进一步反映出了他对自己卑下的地位和知识的陈腐毫无认识，同时也表现了他三句不离本行的迂腐思想。

师：很好。这是孔乙己的“言语之半”。

生：他做事半途而废。“他身材很高大”，又“写得一笔好字”，这些本应该是他维持生计的有利条件，但是他好逸恶劳，把体力劳动看作最低下可耻的事，因而从来没有想过既然不能中举，何不凭借自己的双手挣碗饭吃，就是替别人抄书一类的工作，他也坚持不了几天，到最后“连人和书籍纸张笔砚”一齐失踪。

师：这就是他的“做事之半”。不好好靠自己的双手挣钱，替人家抄书还偷偷摸摸。

生：书下注解里告诉我们：他的姓名让人半懂不懂。他的姓名来源于描红纸上的“上大人孔乙己”这句半懂不懂的话。他作为在封建社会熟读《四书》《五经》的知识分子，却连一个像样的、好听的名字都没有，说明他社会地位低下，是个有姓无名的人。作者用这个叫人半懂不懂的绰号作为他的名字，正是表现了人们对这个人物迂腐可笑的性格的嘲弄。

师：这是他的“姓名之半”，极含讽刺意味。

生：书中第三小节有一句话：“孔乙己是站着喝酒而穿长衫的唯一的人。”虽然只有一句话，但含义极为深刻。“站着喝酒”，说明他经济拮据，买不起酒菜，进不了柜台内，不能享受“长衫顾客”的待遇，跟“短衣帮”一样，都处在社会的最下层，过着饥不择食的生活；可是他又是“短衣帮”中唯一“穿长衫”的人，这又说明他是一个社会地位低下而又不能爬上去的“知识分子”，是一个从“长衫顾客”中被挤出来的人，跟“短衣帮”不同。但他不肯脱掉长衫和短衣帮为伍，因为这件长衫是“读书人”身份的标志，有了这件长衫，他似乎在精神上还可以得到些安慰。这样，他既不能爬到上层，又不肯甘居下层从事劳动，挣碗饭吃，硬装斯文，死要面子，从而沦落成了一个畸形的“多余的人”。

师：你找得很好。他的身份半短衣半长衫。这是他的“地位之半”。他的外貌的独特性，反映了他内心的矛盾性。

生：他的品行半好半坏。孔乙己好喝懒做，替人家抄书，连人和书籍纸张笔砚一起失踪，甚至偶然做一些偷窃的事，这是他品行坏的一面。但是他品行也有好的一面：他热心地教小伙计识字，尽管小伙计瞧不起他，他不但不恼恨反而显得很惋惜的样子，因为他从内心里真诚地希望小伙计将来能当掌柜，这说明他内心有善良的一面。

师：这说的是他的“品行之半”。

生：还有，他的身体半残不全。他第一次到酒店喝酒，身材高大，虽然营养不良，但四肢健全。而他最后一次到咸亨酒店时，“我”这个小伙计在柜台里只闻其声，不见其人，站起来才看得见。原来他是被丁举人打折了腿，是用手走过来的。身体之半说明：科举制度毒害了他灵魂的同时也毒害了他的肉体。

师：对。这是“身体之半”。

生：他的思想半醒半庸。他没有考取功名，却以读书人自居；他经济困窘，却要做长衫顾客；他明明偷了人家的东西，却说窃书不能算偷；他明明是被人家打断了腿，却遮掩说跌断的。短衣帮为什么要取笑孔乙己，就是冲着他半醒半庸的思想而来的。孔乙己被短衣帮刺激后的一系列苍白无力的反抗而显出的丑态全在短衣帮的设计之中，而孔乙己却丝毫不知道。

师：你思想很深刻。这是孔乙己的"思想之半"。谁能说说孔乙己的"生死之半"？

生：文章结尾写他虽然死了，但是他的名字仍然还留在酒店的粉板上，仍然被老板念叨着，这不是老板对他的怀念，而是他还欠着酒店老板的十九个钱，才被人牵挂着，所以，他并没有完全死了，只死了一"半"。这说明他的人生是悲惨的"半"个人生，也表现了这个社会人与人关系的冷漠无情。

师：小说中作者通过上述的"半"字现象，描绘了孔乙己这个被旧社会扭曲了灵魂的"多余的人"的悲惨一生，刻画了他自命清高、麻木不仁、自欺欺人、可悲可笑的性格特征，锐利地剖析了封建文化、科举制度的虚伪与无耻，以及对知识分子的严重的精神戕害。

同学们从孔乙己的语言、动作、外貌等方面理解了"半"字含义的丰富，还从他的"姓名之半""地位之半""思想之半""生死之半"等方面深入挖掘其含义，有效地理解了孔乙己的悲苦境遇、悲惨人生以及造成这一现象的原因——冷漠、麻木的人际关系以及封建科举制度对他的毒害。

这样新颖的教学设计，有效地激发了学生们阅读文本的兴趣。同时我也思考了阅读教学预设主问题时要遵循的原则。

1. 遵循最近发展区原则，注意问题的真伪

教师设计问题必须符合维果茨基的最近发展区理论，太难或太易都没有探究价值。教学中的问题是为了促进学生的发展。凡是学生已经掌握理解的内容，或者超出学生现阶段领悟水平的问题，我们一概视为伪问题，哪怕这一问题在学术上依然大有价值。凡是不利于学生发展的问题，均是"为问题而问题"，这是"动机之伪"。至于"错误的问题"，更属伪问题。

教学中存在太多伪问题：教师的小儿科式的"低级提问"和故作高深式的"学究提问"，前者使学生索然乏味，如满堂"是不是""对不对""好不好"；后者使学生一头雾水。例如，有教师执教庄子《逍遥游》时问道："庄子的'逍遥'与海德格尔的'诗意地栖居'有何异同？"——这类超出学生认知水准的伪问题贻误了学生。

3. 遵循牵一发而动全身的原则，注意问题的主次

教学中的问题不宜多，否则教学将散漫无序。这就需要教师对诸多问题进行遴选。只有最符合学生实际需要的问题，最能够解决学生学习障碍的问题，才是教学中的主问题。其余问题教师应该大胆舍弃。

即便是符合学生实际的问题，也未必会成为教学中的主问题。教师在教学中可以设计若干问题，学生在学习时也会有许多问题，但真正有资格成为课堂主问题者并不会太多。

3. 遵循提问的层次性原则，注意问题的高下

主问题确定后，还未必能成为最佳问题。最高境界的问题必须符合以下条件：切中文本要害，做到纲举目张；符合学生实际水平和趣味，能够引发学生的探究欲望；问题本身设计精当，既有助于学生当前的进步，满足不同层次学生思维水平需求和自我发展需求，也能够促进学生长远乃至终身发展。

教师要从教学目标出发，设计一些发散类和探究类问题。从问题涉及的内容上看，我们把问题分为四类：一是差别类问题，主要是对事物加以判定，代表词语是"是不是""对不对"；二是描述类问题，主要是对客观事物加以陈述和说明，代表词语是"是什么""怎么样"；三是探索类问题，主要是对事物的原因、规律、内在联系加以说明，代表词语是"为什么""你从中能发现什么"；四是发散类问题，主要是从多角度、多方面、多领域去探寻客观事物，代表词语是"除此之外，还有哪些方法""你从中体会到了什么"，这类问题最根本的特点是答案不唯一。

在阅读教学的预设中，对准备的问题要做到去伪存真，使学生有思考并有所得；注意抓住主要问题和问题的主要方面，做到提纲挈领，纲举目张，避免问题的烦琐、零碎；同时注意问题的层次性，照顾学生的差异性，尽量满足各个层次学生的需求，使他们在原有的基础上各得其所，得到和谐和充分的发展。

三、主问题设计的趣味性、主动性和概括性

课堂提问的问题不在于多，而在于精。一个精妙的问题设计往往能起到

以一当十的效果。要体现学生的主体地位，调动学生思考问题的积极性，提高课堂教学效益，不能不讲究问题的质量。这是我教《孔乙己》一文最深刻的体会和最大的收获。

在新课程改革的背景下，如何找到、找准课堂阅读教学的切入点，使学生乐学、会学，提高教学的有效性，是语文教师不断探寻的问题。在创新教学设计的实践过程中，我作了如下思考。

一是课堂切入忌呆板，要敢于创新、富有趣味性。阅读教学要找准教学的切入点。所谓教学切入点，是指教师在教学中发现的能够使学生迅速而有效地进入阅读活动的教学角度。它可以是一个词语、一个句子或一个问题等。好的教学切入点能使学生明确阅读的目的，积极主动地进入阅读活动；使学生的阅读开展得有声有色，提高阅读的效果。教师找不到好的阅读切入点，学生没有阅读的兴趣，阅读就会流于形式。纵使他们硬着头皮读下去，也是小和尚念经——有口无心。老师一旦找到一个有趣味性的阅读切入点，激起了学生的阅读欲，他们的阅读兴趣就会高涨起来，就会积极地阅读，带着问题阅读。

我在教《孔乙己》时，就十分注意寻找一个能激发学生阅读兴趣的切入点。我抓住一句话"孔乙己为什么是站着喝酒而穿长衫的唯一的人？"切入，让学生思考。整个过程都是学生在阅读，在思考，在讨论，在寻找。从他们的积极发言里，可以看出他们是快乐的读书人。他们能从文章里找出那么多理由、依据，这是我始料不及的。在寻找答案的过程中，学生对孔乙己人物的动作、语言、外貌描写有了比较强的感性认识，对孔乙己的悲苦的生活、悲惨的命运有了比较深的理性认识，他们就会自然而然地得出自己的结论。

二是课堂切入忌越俎代庖，要激发学生阅读的主动性。过去，阅读教学总是按照固定的程序来进行，即介绍作者、时代背景，划分层次，总结段落大意、中心思想、写作特点。课堂上绝大部分时间都被教师占了，学生读书的时间少得可怜。他们只记一些教学参考书的结论，那些结论几乎是毫无用处的。现在，这种教学模式已很少再有人使用了，代之而出的就是阅读教学的"全面开花"。教师对哪一个内容都不放过，都想教授、评说一番。在"全面开花"教学思想的影响下，教师又不自觉地干起了越俎代庖的活儿；学生又自觉不自觉地偷起了懒，他们阅读的主动性渐渐丧失。在阅读课上，课文似乎是可读可不读，学生只有结果，没有阅读的过程，更谈不上深入地思考，结果在课堂上学生得到的只是一些浮光掠影的东西。

三是课堂切入忌“全面开花”，要紧扣重点，具有概括性。阅读教学切入的问题不在于多，而在于精，要“牵一发而动全身”，起到以一当十的效果。教师应善于整体把握，大处着眼，围绕中心，抓住关键，找准能提纲挈领的问题，启发学生思考和讨论。否则，不仅浪费了时间，让学生不明目标，不得要领，主次不分，甚至把课文分解得支离破碎，索然无味。

第二节　散文的主问题教学设计

一、以《春》为例谈散文阅读教学的主问题设计

1.《春》整体美赏析设计片段

以往在教学《春》这篇课文的时候，总是按照课文顺序，一个小节一个小节地品析，这样，虽然也能将“美点”品析出来，但总觉得把春天的美“肢解”了，把整体的美弄得支离破碎了，而且，用这样的方法来品析课文，就得依靠琐碎的问题来推进学习活动。一个个细碎的问题，看似启发，实则让学生疲于应付，难以拥有自主的思维活动空间，势必束缚学生的思维。

所以，在教学中，我注意了主问题设计，用主问题来牵引学生的活动方向。对于具体的活动内容，则放手让学生自主选择，然后组内交流、班级交流，取得了很好的学习效果。

我的主问题是：品美，联系课文语句，用“春天的________是美的，它美在________，请看________”这样的句式说话。

学生围绕这个问题，进行了深入的读书和品句活动、小组交流和班级交流活动，进一步丰富了个体的赏析。

这样的说话训练，把春天的美景放在了一个整体中去理解和感悟，学生

不仅找到了“美点”，还自主归纳了景物的特点，特别是在品美的过程中，学生还在阅读文本的基础上，生成了美的“画面”。

2.《春》语言美赏析设计片段

朱自清的散文名篇《春》是一首抒情诗，是一幅风景画，是一曲春的赞歌，是诗画合璧的佳作。究其成功的原因，作者运用朴素自然、新鲜风趣而富有音乐美的语言是主要因素之一。

词语本来就是声音和意义的结合。用词语构成句子，连缀成篇，念起来自然就有了一定的声感。声感就是指语言的声音节奏所给人的一种具体的感受，美的语言能够做到和谐动听，流畅自然，所谓“掷地作金石声”。我国清代桐城派认为“文章之妙不出于字句声色之间，舍此便无可窥寻”。《春》一文的语言明丽、凝练、和谐、畅达，句式多样，节奏感强，富于音乐美。

师：同学们，首先听读《春》全文。（播放配乐音频《春》。）听后回答，《春》中语言的音乐美体现在哪些地方？

生：首先在于节奏美。从语言的角度看，文句的长短、整散，语势的疾徐、直曲，字音的响沉、抑扬，它们错杂相间，使文章声势呈现有规律的变化，和谐流畅，构成声音的节奏。

师：请你举出具体例句。

生：如“山朗润起来了，水涨起来了，太阳的脸红起来了”“园子里，田野里”“有名字的，没名字的”。

师：很好。这些夹在散句中或对称或排比的短语、短句，既流畅又整齐，节奏鲜明，抑扬起伏，具有音韵美。“节奏是艺术的生命。”刘大櫆《论文偶记》中说：“文章最要有节奏。譬之管弦，繁奏中必有希声窈渺处。”文章的节奏是多种多样的。再仔细找找，有哪些地方具有语言美？

生：本文除去整散句的交互使用，使语言更具有节奏美，叠词叠句的运用也是本文的一大亮点。一是AA式叠词。“都在微微润湿的空气里酝酿”“天上的风筝渐渐多了”。

师：你能仔细赏析吗？

生：这两句中用“微微”，修饰润湿的程度，用“渐渐”说明一天比一天有所增加。

生：还有ABB式叠词。“风轻悄悄的，草软绵绵的”，叠词的运用，把风“轻”的程度和草“软”的程度写得更丰富，而且透出一种柔情。

生：还有AABB式叠词。“城里乡下，家家户户，老老小小，也赶趟儿似的，一个个都出来了。”“家家户户”表示人数之多，“老老小小”说明年龄之全。

生：另外，还有ABAB式叠词。“舒活舒活筋骨，抖擞抖擞精神”，用叠词表现动作次数多，读起来有韵律，有节奏。

师：以上这些叠词的使用，不仅使语意更丰富，表达更准确，而且读起来朗朗上口，富有节奏感，具有音乐美。

同学们，语言的美，在《春》一文中还体现在词语的音节美上。人们说话或写文章的时候，使用两个字或四个字组成的词，要比一个字更合乎节拍，读来顺口，听来入耳。本文作者注意到了双音节词的运用。例如：“城里乡下，家家户户，老老小小”这些文字全部使用双音节词，读来整齐匀称，富有节奏美。有没有其他形式体现音节美？

生：有。例如：“桃树、杏树、梨树，你不让我，我不让你，都开满了花儿赶趟儿。”

师：你很聪明。有时作者交替使用单音节词和双音节词，同样产生了美好的声感。

生：还有。如“盼望着，盼望着，东风来了，春天的脚步近了”。这里四个词尾，两个“着”、两个“了”给人以非常亲切、柔和的感觉，两个“了”中又充满了喜悦之情。

师：这里是作者注意词尾的点缀，产生音韵美。

生：我再补充例子。句中的“着”和“了”，不仅使句式整齐，而且起到调节音节的作用。又如“树叶儿却绿得发亮”“小草儿也青得逼你的眼”，在“树叶”和“小草”后面都加了个“儿”，读起来使人感到亲切柔和，产生音韵美。

师：你的语感很强啊！

生：文中还运用了拟声词，表现了拟声美。例如，作者模拟蜜蜂的声音，用了拟声词“嗡嗡”，使读者联想到蜜蜂在万花丛中飞来飞去，采花酿蜜喧闹沸腾的景象，使人顿生欣喜之情。

师：你找得真好！客观事物在其发展变化中，往往发出各种不同的声响。

韩愈《送孟东野序》有云："草木之无声，风挠之鸣。水之无声，风荡之鸣。……金石之无声，或击之鸣。"由于客观世界存在着各种各样的声响，因此在汉语中便出现了模拟各种声音的词，这种词叫拟声词。自古以来，人们就十分重视运用这种词语来表述客观事物。拟声词运用得好，不但形象逼真，而且还能显示出响亮的音乐美。本文亦是如此。

师：大家知道，恰当地运用修辞格不但使文章语言生动活泼，而且也能调节音节，增强语言的音乐美。同学们，画一下精美的句子，并赏析。

生："红的像火，粉的像霞，白的像雪。"这段文字中用了三个比喻句，构成排比，这样句式整齐，结构匀称，节奏鲜明，和谐动听，读起来自然和谐悦耳。

生："春天像刚落地的娃娃，从头到脚都是新的，他生长着。春天像小姑娘，花枝招展的，笑着，走着。春天像健壮的青年，有铁一般的胳膊和腰脚，领着我们上前去。"这些比喻句整散结合，交错使用，形成了轻松、舒展、迷人的节奏，富有音乐美。

师：这就是文本语言体现的修辞美。

【设计意图】巧妙的主问题设计使美文阅读教学更显魅力。

品读优美的经典散文，方法有很多。诵读、品析是常规的方法。如何使这种方法效果更好？运用主问题设计进行教学，是一条捷径。我在引导学生赏析《春》的语言美时，启发学生从音乐美、节奏美、拟声美、修辞美等角度进行提问，吸引同学通读，找出其中的"美点"，使得学生注意力高度集中，围绕主问题细致思考。在此基础上，指导学生朗读全文，让他们达到熟读成诵的程度。

情韵美与音乐美是紧密地结合在一起的。语言的音乐美最根本的目的乃是让读者、听者"循声而得情"。也就是说，从声音里听出作者的感情，从而引起自身感情的波动，与作者产生共鸣。声感与情绪是息息相关的。古代《乐记》中说："其哀心感者其声噍以杀，其乐心感者其声啴以缓，其喜心感者其声发以散，其怒心感者其声粗以厉，其敬心感者其声直以廉，其爱心感者其声和以柔。"我们朗读这篇课文，会感到其声音和缓宽舒，也可以从中体会到作者对春的喜爱和赞美之情。

3.《春》结构美赏析设计片段

在整体熟读课文后，进行主问题教学提问，赏析全文的结构美。

师：朱自清的散文名篇《春》不仅巧设文眼，富有构思的含蓄之美，而且文章结构注意起承转合，前后照应，达到了结构严谨、衔接自然、天衣无缝的境界。同学们，认真思考，此文中的照应有几种情形？

生：首尾呼应。文章最后说，“领着我们上前去”，表达了作者追求美好未来的强烈感情。用“去”结尾，正与开头“东风来了”的“来”字相呼应。

师：你动脑筋最快。开头是在盼望中到来，末尾是进入春天的行列上前去，一“来”一“去”，前后呼应，使文章形成一个完美的整体，真是首尾圆合，浑然一体，结构严谨，天衣无缝。

师：继续思考，还有哪些地方体现结构美？

生：在文章第一节盼春中写道：“盼望着，盼望着，东风来了，春天的脚步近了。”一个“近”字，准确地表达了春天还没有到来，并照应首句中的“盼”字，更真切地表达出作者希望春天赶快到来的迫切心情。

师：这叫段内照应。

生：我也发现了。在第二小节中，先用一拟人句“一切像刚睡醒的样子”总写万物复苏、大地回春的景象，然后分写山、水、太阳“睡醒”的情态，连用三个“起来”了，照应了“刚睡醒”“张开了眼”，使句子之间衔接十分自然。

生：还有在描绘春花图时，作者用“红的像火，粉的像霞，白的像雪”三个比喻句构成的排比写出了百花争艳的景象，与上句的“桃树、杏树、梨树”的顺序一一对应，紧密相连。在描写野花的同时，用“像星星”这一比喻，照应了“野花遍地是”这一句。

生：在春雨图中，写春雨“密密地斜织着”，一个“斜”字，不明说春风，可已是暗点了；“织”与上句“像细丝”的比喻又相应。作者在“一点点黄晕的光”中用“一点点”与后句中“他们的房屋，稀稀疏疏的”暗合。

师：老师也找到了，写春雨中的自然景物的句子。

生：作者用了这样两句话“树叶儿却绿得发亮”“小草也青得逼你的眼”，“却”字照应前文的“一层薄烟”而转折；“也”字照应上句的“绿得发亮”；“逼你的眼”说明了草“青”的程度,因为春草图中描绘的草是“一大片一大片满是的”,这又是照应的一笔。

师:另外有段间呼应。

生:文章第二小节的首句“一切像刚睡醒的样子,欣欣然张开了眼”中,“刚”字照应上一节中“春天的脚步近了”中的“近”字。“近”表示春未到,“刚”表示春已到,前后有序,照应自然。

生:描绘春风图时,作者不仅借助于其他事物,调动各种感官,从触觉、嗅觉、听觉三个角度写春风,使读者感受到它的温暖和煦、芳香和悦耳,而且注意到前后呼应,使读者感受真切。如“新翻的泥土的气息”“混着青草味儿,还有各种花的香”,使得春风中含有一种特有的芳香,这就呼应了前文的春草图和春花图,使春风有味、有形、有情、有感。

生:迎春图中,人是画面的主体。“天上风筝渐渐多了,地上孩子也多了”,说明春天到了;更有“城里乡下,家家户户,老老小小,也赶趟儿似的”,迎接春天的到来。这一句中的“也赶趟儿似的”照应了前文春花图中的“赶趟儿”。前文“赶趟儿”写百花争春,这里的“赶趟儿”写人也争春,前呼后应,又是一处妙合。

生:文章第三部分,作者用“春天像刚落地的娃娃”“像花枝招展的小姑娘”“像健壮的青年”三个比喻来赞美春天作结。这三个比喻和前一节中的“一年之计在于春”一句又有着内在联系。两者都是赞美春天有不可遏制的生命力,它给予人们以奋发向上的精神、对美好生活的憧憬和辛勤劳作的力量,因而,人们要抓紧这大好春光,抓紧生命的春天,认真安排好自己的学习、生活、工作,争取获得丰收。三个比喻句着重用美好的形象感染读者,而“一年之计在于春”一句则着重从思想上启迪人们,真是上下连贯,一气呵成。

【设计意图】主问题设计思想能促进我们深度研读文本。要站在巨人的肩上,吸收已有的教科研成果,并有所创新、有所创造。《春》一文的结构美,是我多年前的素读文本的体会;后发表文章,并在教学设计时有意识地运用主问题引导,实现了较好的教学效果。

二、以《济南的冬天》为例谈散文阅读教学的主问题设计

1.《济南的冬天》重点段落主问题设计

我在教学《济南的冬天》的时候，关注主问题的设计。

在重点研读“最妙的是下点小雪呀……”这个语段的时候，我设计了这样的一个主问题：小雪点缀的小山，妙在哪里？

围绕这个主问题，学生的课堂活动可谓精彩纷呈：

妙在矮松顶着一髻儿白花，秀美；

妙在山坡披着带水纹的花衣，俏美；

妙在阳光斜射，薄雪好像害了羞，娇美；

妙在即使在冬天，山上的色彩一点也不单调，青黑、白、蓝、银白、暗黄、粉六种颜色，把济南冬天小雪后的小山装扮得生机盎然；

妙在雪草相间，虚实相映，表现小雪后山坡的动态之美；

妙在这一个“太”字，表达了作者对这秀气小山的无限怜爱；

……

关于主问题，我们可以得到以下几点体会：

主问题设计，就是用精、少、实、活的问题激活课堂，精练教学内容与教学过程，直指教学目标，达到高效目的；

主问题就是从教学内容整体的角度或学生的整体参与性上引发思考、讨论、理解、探究的“牵一发而动全身”的重要问题；

主问题要具备“三力”，即要具有吸引学生参与的牵引力；具有在教学过程方面形成一个教学板块的支撑力；具有在课堂活动方面让学生共同参与、广泛交流的凝聚力。

阅读教学的主问题的设计，一般可以从这几个角度入手：从文章的结构脉络方面入手；从文章的主题思想方面入手；从文章的语言特色和作者的思想感情方面入手；从激发学生的联想想象，开拓学生的创新思维方面入手。

主问题设计，要确保学生有大量的围绕问题进行活动的时间。

主问题既要“放得出去”，也要“收得回来”，教师在学生活动过程中，不能

淡化和弱化自己的作用，要注意运用强调、点拨、牵引、总结、校补、提升等手段，确保学生活动的目的性和有效性。

2.《济南的冬天》主问题教学设计片段

阅读全文，思考济南的冬天的特征是什么？

第一部分：

生：没有风声的。

生：响晴的。

生：温晴。

师：到底是什么呢？

生：是“温晴”，因为温晴强调的“晴”是没有风声的，表明温度较高。

第二部分：

哪些地方扣住“温晴”二字去写的？或扣住其中一字“温”或“晴”去写的？

生：“设若单单是有阳光，那也算不了出奇。”一句扣住了“温”字写。

生：“一个老城，有山有水，全在天底下晒着阳光，暖和安适地睡着，只等春风来把它们唤醒，这是不是个理想的境界？”一句扣住了“温”字写。采用了拟人的写法，如“晒着阳光”“睡着”“唤醒”等。

生：“这一圈小山在冬天特别可爱，好像是把济南放在一个小摇篮里，它们安静不动地低声地说，你们放心吧，这儿准保暖和。”一句扣住了“温”字写。采用了比喻、拟人的写法，如“好像是把济南放在一个小摇篮里”“安静不动地低声地说”。

生：“明天也许就是春天了吧？这样的温暖，今天夜里山草也许就绿起来了吧？”一句扣住了“温”字写。采用了虚写、想象的写法。

第三部分：

生：“树尖上顶着一髻儿白花，好像日本看护妇。”扣住了“温”字写。雪小，温度高。

生：“山坡上，有的地方雪厚点，有的地方草色还露着；这样，一道儿白，一道儿暗黄，给山们穿上一件带水纹的花衣；看着看着，这件花衣好像被风儿吹动，叫你希望看见一点更美的山的肌肤。”这是写美的景色。

生：“等到快日落的时候，微黄的阳光斜射在山腰上，那点薄雪好像忽然害了羞，微微露出点粉色。”写黄昏时小山的美丽，光彩的逼真。

第四部分：

生：“古老的济南，城里那么狭窄，城外又那么宽敞，山坡上卧着些小村庄，小村庄的房顶上卧着点雪，对，这是张小水墨画，也许是唐代的名手画的吧。”比喻抓住色彩写，扣住了温和晴。温度高，下小雪；天气晴，光线好。

第五部分：

生：“那水呢，不但不结冰，倒反在绿萍上冒着点热气，水藻真绿，把终年贮存的绿色全拿出来了。”表现了“温晴”。

生：“冒着点热气”用得准确。

师：“冒着热气”好不好？

生：不准确。因为冬天的济南温度不会太高，所以冒着的热气不会太多。

师：你抓住了“点”这一词来分析，很细致。

生：“把终年贮存的绿色拿出来”，绿得发亮，似乎春天到了。

生：“天儿越晴，水藻越绿，就凭这些绿的精神，水也不忍得冻上，况且那些长枝的垂柳还要在水里照个影儿呢！”前半句，写温；后半句，写晴。天气好，光线好，水又清，当然会照影子。

生：“看吧，由澄清的河水慢慢往上看吧，空中，半空中，天上，自上而下全是那么清亮，那么蓝汪汪的，整个的是块空灵的蓝水晶。这块水晶里，包着红屋顶，黄草山，像地毯上的小团花的小灰色树影。”全是写晴，而且用比喻来写晴。

3.《济南的冬天》美点寻找

师：语言是文学的第一要素（高尔基语），它是文章的重要组成部分，是作者传情表意的工具。一篇精致的散文离不开精美的语言，我们从老舍的散文名篇《济南的冬天》中肯定会获得不少启示。现在请大家认真朗读《济南的冬天》，细细品味文本中的语言之美。

生：写济南的山水“全在天底下晒着阳光”，写济南人“一看那些小山，心中便有了着落”，“全”“着落”都是口语中的词汇，用在这些书面句式中，自然妥帖。

生：像“这儿准保暖和”“干啥还希望别的呢”完全是地地道道的口语。

师：这些富有生活气息，带有老北京的语言色彩，嵌在秀丽的描写文字中，没有一点儿生涩感，使整篇文章的语言既清丽隽永又朴素自然。本文语言是那么清新朴实，好似拉家常一般，丝毫没有故作高深之态，但又非常讲究，值得仔细玩味。这是书面语与口语协调交织，收到语言清新朴实的效果。

师：再找找，还有哪些地方体现语言美。

生：我读开头一段："对于一个在北平住惯的人，像我，冬天要是不刮风，便觉得是奇迹；济南的冬天是没有风声的。对于一个刚由伦敦回来的人，像我，冬天要能看得见日光，便觉得是怪事；济南的冬天是响晴的。自然，在热带的地方，日光是永远那么毒，响亮的天气，反有点叫人害怕。可是，在北中国的冬天，而能有温晴的天气，济南真得算个宝地。"

师：你读得很有韵律感。

生：开篇就是两组由"对于"引起的介词结构短语。短语一般容易呆板、生硬，而老舍却能独创奇语，在短句中使用了倒装句，突出"像我"，紧接着又以陈述句进行叙述，句式的排列既工整又灵活，形成整中有散、长短错落的结构，读起来朗朗上口，具有音乐的声调美。

师：文学是语言的艺术。通过朗读（声音）可以传达这种艺术情感。词语本来就是声音和意义的结合。用词语构成句子，连缀成篇，念起来自然就有了一定的声感。声感就是指语言的声音节奏给人的一种具体的感受，美的语言能够做到和谐动听，流畅自然，所谓"掷地作金石声"。我国清代桐城派认为"文章之妙不出于字句声色之间，舍此便无可窥寻"。

（生齐读这一节。）

师：刚才我们一起体验了语言所具有的内在的旋律美。

生：本文的语言还有修辞美。如"小摇篮"这一句运用了比喻和拟人的修辞手法，将一圈小山写得像慈母般温存、体贴、慈祥，"小摇篮"的"小"正照应了小山的"小"。"安静不动"是写神态，"低声"是写声调。这两个修饰语使人想起母亲在摇篮边低声哼着催眠曲的情态，赋予这一圈小山以慈母之情。"晒""睡""醒"这一连串相关的拟人写法，创造了一个暖和安适的"理想境界"。

生：写树上的雪，不说树尖上落满了雪，而说"顶着一髻儿白花"，又比作

"日本看护妇",一个"顶"字准确地表现了树尖上一髻儿白花的位置和形状,因为是小雪,所以只有树尖上积了一小堆白雪,而"顶"字中既有"在树尖上",又有"一小堆"的意思。

生:"顶"字又引起下文把矮松比作"日本看护妇(护士)"的比喻,日本的护士头上总是戴着一顶别致的白色工作帽。帽子往往突出在头的顶部.好像是"顶"在头上似的,两者的相似点就在"顶"着白帽子。这个比喻不仅形象、生动,贴切地表现了下小雪后矮松的秀美形态,而且充满诗情画意。

生:"忽然害了羞"用拟人的方法描绘了夕阳斜照下雪色娇美的情态。一个"羞"字,不仅画出了雪景的"色",与"粉色"相贴切,而且绘出了雪景中的情态和内在美。

生:"穿一件带水纹的花衣",一个"穿"字既准确表现了雪、草覆盖的状态,又引起了"一件带水纹的花衣"的比喻。"带水纹的花衣"的比喻描绘了雪色与草色相间的美景,给读者以动人的生活实感。"看着看着"以下是联想,"更美的山的肌肤"可理解为春天来临后那满山的花草。这一联想与第二段两个"也许"的幻想照应,表现了对春天的憧憬。

生:又如写薄雪"害羞"的情态,写露出"粉色"容颜的山腰等等,突出了它们娇美的情态和小山秀丽的景色。

第四段再写城外远山,勾画出一幅淡雅的水墨画。这幅画"也许是唐代的名手画的吧"一句,既是比喻,更增添了"这是张小水墨画"的真实感,使读者体味到写意画的妙处。

生:第五段写济南冬天的水色。作者在描写中融入了自己独特的感受。先着力渲染"绿",一连用了五个"绿"。一个写绿萍,四个写水藻。用"绿"来衬托水的清澈、透明。"水也不忍得冻上"用拟人的方法,把水写得含情脉脉。文章结尾处把清亮的河水比作"蓝水晶",这些比喻透着清秀和灵气,字里行间溢满赞美喜爱之情。

师:作者灵活地运用比喻、拟人的修辞手法,使文章语言平添一番情趣,增强了人情味,越发显得精美,生动贴切地表现了济南冬天的特点,寄寓了作者的赞美之情。

师:《济南的冬天》是一首抒情诗,是一曲冬天的赞歌,也是一幅优美的风景画。它具有构图美和色彩美。

生：第二段从俯视的角度描绘了阳光下的济南全景图。在分写山、水之前，作者先从上方俯瞰，然后用“请闭上眼睛想”一句引导读者进入作者所描绘的境界。

第三段从仰视的角度，写小雪点染后的山景。这一段围绕“妙”字，突出“小”字（“小”是由“温晴”决定的），按照山上、山尖、山坡、山腰的空间顺序层层铺写，把各个细部的色、态、光一一展现出来。

生：第四段是从城内往城外远眺，写雪后山村的景色，勾画出一幅淡雅的水墨画。

第五段由俯视到仰视，从济南冬天的水色着笔，写出整个济南的形象，并在描写中融入了自己独特的感受。作者正是从多个不同的角度去观察，才生动形象地写出了冬天济南“温晴”的特点。

生：作者在不同的观察点上，从不同的角度描写济南冬天的特有美景。

师：作者笔下的济南是一幅美丽的山水画，其构图巧妙，布局精致，层次感很强，具有立体构图美，可谓境界全出，使读者身临其境，流连忘返。

生：第三段写薄雪覆盖下的山。按照山上、山尖、山坡、山腰的空间顺序层层铺写，把各个细部的色、态、光一一展现出来，这属于工笔细描。

师：你对美术肯定很爱好。

生：山上写矮松。山是小山，雪是小雪，松呢，是“矮”松，这就使得整个画比例非常和谐。松是长青的，给人以生机和活力。一个“顶”字准确地表现了树尖上一髻儿白花的位置和形状，因为是小雪，所以只有树尖上积了一小堆白雪，而“顶”字中既有“在树尖上”，使“青色的松”顶着“白色的雪”越发显得圣洁而美丽。“青”山尖是山的最高部位，它和蓝天相接，所以写它们的色彩。“镶”的意思是把物体嵌入另一物体内或围在另一物体的边缘，这里的“镶”形象地写出了白色的山尖连接着蓝天，就像是一道银边围在蓝天边缘的景观，蓝白相映，美丽高雅。

生：山坡上写雪色和草色相间的美景。“有的地方雪厚点儿，有的地方草色还露着”，这是“小雪”的杰作，因此山坡上就出现了“一道儿白，一道儿暗黄”的色彩；白的是雪色，暗黄是草色，“暗”字非常准确地绘出了冬天枯草和秋天枯草色彩的区别。秋天刚枯萎的草，色彩是金黄的。随着天气的变冷，枯草就逐渐失去了光泽，由金黄变成了暗黄。这里的暗是色彩不鲜艳、没有光泽的意思。

生：“带水纹的花衣”这个比喻描绘了雪色与草色相间的美景，给读者以动人的动态生活实感。“看着看着”以下是联想，“更美的山的肌肤”可理解为春天来临后那满山的花草，具有色彩美。

师：说得多好呀！你观察真细心！

生：山腰着重写光和色。“光”是写“快日落”时的阳光。“色”则写出了色彩的变化。“微黄”的阳光“斜射”在白雪上，就露出点粉色。这里的色彩和上文的“青黑”“白花”“蓝天”“银边”“暗黄”等的描写，更增添了诗情画意。

师：一般说来，色彩绚丽易使人亢奋，激起热情；色调淡雅往往使人安详，身心进入和谐状态，这些都能使人产生审美快感，进入“悦于目而醉于心”的境界。《济南的冬天》在描写冬景时，运用绘画技巧，体现“形散而神不散”的特点，以心爱的济南为核心，从各个角度进行观察和描绘，表达了作者心中的喜爱赞美之情。这是本文具有的色彩变化美。

（总结语）

师：我国古代诗人早就将“诗中有画”作为一种艺术追求，近代诗人闻一多也认为作诗应讲究“三美”，其中就包括了绘画美。文学家以语言文字的形式表现出绘画美的效果，是由于他们在欣赏自然景观的时候，往往对自然界的形体、色彩以及动态有着超出常人的敏锐丰富的感受，并善于捕捉、长于表现，从而在字里行间蕴含着优美的意境，使读者赏心悦目，心旷神怡。散文家老舍的《济南的冬天》在这方面就具有很高的美学价值，他笔下的自然景物层次分明、色调和谐、动静有致、虚实相生、形神俱佳，堪称一篇杰出的美文。

4. 主问题如何形成：博观约取，细读有情

我们所谈的“文本细读”是对语义学文本的细读概念的借用，一种拿来主义式的活用。课程教学语境下，文本细读的对象则转移到阅读教学身上。此时的文本细读，与阅读教学结伴同行。

第一次备《济南的冬天》时我有六个疑问。①为何不用冬天的济南而用济南的冬天？②济南的冬天特点是什么？③济南的冬天都写了哪些景？④“忽然害了羞”中，“忽然”能否删？⑤济南的冬天写山、水，没写人，不是说人是最好的风景吗？⑥情景交融是本文写作的一个特色，景中的情仅仅是爱济南吗？

慢慢地摸索，慢慢读，解决了第一次备课中的六个疑问，第二次备课时我有了十二个疑问。

①为什么风小？②这一圈“缺了个角”让作者联想到什么？③作者想到的，为什么恰是“摇篮”？只因形似吗？如果是，那作者为什么不说“竹筐”？④“这一圈小山在冬天特别可爱。”那么，在夏天呢？在夏天这一圈小山可爱吗？⑤寒冷的季节见暖见秀见绿，反映了作者的什么情感？⑥为什么选了“山、水”不写树，没有植物吗？⑦“日本看护妇”是什么，为何这样比喻？⑧第三段观察顺序是什么？⑨写小雪恰到好处地用了拟人和想象，妙处何在？⑩写出水的什么特点？⑪如何理解“整个的是块空灵的蓝水晶”这个比喻？⑫读了课文，是不是觉得济南的冬天如作者所说是“暖和安适”的？

老舍先生这篇随笔，总是让人读了再读，全篇都弥漫着亲切感和亲和力，仿佛是向自己的老朋友介绍自己的新朋友，我们怎能不潜心涵泳呢？涵泳必须从语言文字入手，语文教育的前辈叶圣陶说得好：“一字未宜忽，语语悟其神。”

有了以上个性化的解读，我开始着手构思全文脉络。

其一，《济南的冬天》适合多安排美读。先投入美读几遍，局部最好反复吟哦回味，读出味道，读出心得，摇曳生姿，口有余香。

其二，不动笔墨不读书。美读与吟哦的时候，拿起一支笔，标示出心灵涵泳的痕迹。

其三，从感受逐渐转向鉴赏，体会温情。

其四，适当进行拓展迁移的演练。

活动设计要站在促进学生全面发展的高度，以生为本，以学定教，自由、合作、探究式的语文学习活动是活动设计的重点。《济南的冬天》一路读来，处处都能体会到温情体贴的爱，仿佛间，慈善的母亲，娇俏的少女，圣洁的护士款款走来。我灵光一闪，就有了这样的主问题："如果把济南的冬天比作一个人，像男子还是女子？如果是女子，像一个怎样的女子？"上课时，行云流水，师生相映生辉。

我想，只要我们关注文本，潜心涵泳，我们定能在美丽的语文沃土中，收获实在的东西。

【评价】中小学教师若不谙熟发问的艺术，他的教学是不易成功的。阅读教学全在于如何恰当地提出问题和巧妙引导学生作答。主问题的设计与创新，是一个关系到课堂教学结构改革、课型创新和提问创新的重要问题，是一个关系到简化教学头绪、提高教学效率的重要问题，它显现出课文整体阅读教学与提问设计的重要关系。像这样以主问题来带动整篇课文阅读教学的方式，有着明显的优点。

第一，重在让学生占有时间，解决问题，真正把培养学生的阅读能力放到了课堂教学的重要地位。在教师的调控下，课文由学生读准、读顺、读美，课文学习的内容让学生讲出来、析出来、品出来，不仅训练了学生认读、理解、质疑、辨析、综合、鉴赏等各种层次的阅读能力和勾画、摘录、归纳、比较、点评等各个方面的阅读技能，而且让学生在课堂上活跃起来，让他们充分体会到语文学习中的求索感、创造感、成功感，语文与人的教育、语文与人的气质培养于是有了一片美丽的良田沃土。

第二，重在教师改变角色，由以讲析为主改变到以艺术设计、艺术调控、艺术指导、艺术点拨为主，首先就要做到能够艺术地、创新地设计主问题。这有利于教师素质的提高，教师在研究教材、找准线索以及考虑如何指导学生阅读的过程中，促进教学思想的转变和教学能力的长进。

第三，主问题突出，课堂教学中师生双方的角色发生重大变化，有利于形成"读、问、议、讲""提示、阅读、讨论、评析"等生动活泼的立体式双向交流的课堂教学结构，从而增大课堂教学容量，提高课堂效率。从教师的角度看，进行主问题式的阅读教学，比教师已经习惯了的讲析教学要难得多；但从学生活动的角度看，这样的课要好得多，美得多，有价值得多。

第三节　诗歌的主问题教学设计

一、以《雨霖铃》教学为例谈古诗主问题教学设计

诗歌阅读教学要侧重于整体感悟，品味诗意、诗情、诗韵。然而，在现实诗歌教学中，却因教师分析过细而产生了诸多低效甚至是无效的课堂提问。如何改善这种状况呢？

“诗言志”，言为心声，诗人“笼天地于形内，挫万物于笔端”，以创造性的艺术思维和语言来传述自己的心灵语言。那沉浸在诗文中的古人情怀，和着已然支离的音韵，蹒跚着穿越时空的长桥，拨动着今人的心弦。诗歌教学应引导学生走进文本，整体阅读，用心灵、情感去交流对话，用联想、想象去体悟诗韵。然而，在诗歌阅读教学中，有些脍炙人口的佳作，教师的分析讲解却让学生无法体会到它的光彩和神韵。笔者也曾在诗歌教学中走入误区。

以《雨霖铃》阅读教学为例。

这是一课时的教学，课前学生已预习过课文，疏通完字词。教学目标定位在体味《雨霖铃》的思想感情和凄清意境，了解融情入景、虚实相生的艺术特色。课上进行有效的诵读指导，并明确了这首词的主旨是伤离别。之后，创设问题情境：

(1)围绕“别”字，词人如何展开描写？

学生似乎有些茫然，笔者进一步提示：从时间层面思考。

在这个教学环节中，笔者辅以详细的字句分析。如“寒蝉凄切”：“孟秋之月，寒蝉鸣”，词人点明节令；柳与蝉自古就有不解之缘，如“拂水飘飘送行色”“高柳乱蝉嘶”，“寒蝉”暗指离别。再用情语对开头三句作小结：时当秋季，景已萧瑟；且值天晚，暮色阴沉；而骤雨滂沱之后，继之以寒蝉凄切：词人所见所闻，无处不凄凉……

学生发言，教师点拨中明确——别前：勾勒环境；别时：摹写情态；别后：展开想象。

(2)分析上下阕景色的不同,掌握情景交融、虚实相生的写法。

学生回顾上阕,分析艺术手法……

创设问题情境,促进学生的主体参与,本是阅读教学展开的有效途径;勾新连旧,引导学生进入诗歌境界,本是诗歌教学的有效手段;诗意语言,生动形象、富有感染力的教学情语本是升华学生对作品情感体验的有效方法。但是,课堂中预设的两个问题,在学生的发言和教师的分析中,似乎有内容的重复,学生间或流露的茫然表情,又让笔者不安。反思中发现,教学过程中的字字分析,句句落实,导致出现过浅、过细、过多、过滥的繁杂细碎的问题。这些碎问碎答,使课堂松散而琐碎,使学生忙乱而茫然;预设的问题注重写法,忽视这首词文意贯一的一面。实际上,笔者以自己对文本的解读来驾驭学生的阅读活动,通过所谓的问题,将他们一步步引入笔者的阅读结论中,而缺少学生自主阅读体悟的空间。置身于类似的课堂中,学生总有"云深不知处,只在此山中"的无所适从,这是诗歌阅读教学效率低下的表现。

那么,如何避免诗歌阅读教学的无效提问以提高诗歌阅读教学效率呢?笔者认为,关键在于课堂提问的设计,尤其是能使课堂教学中的阅读与互动活动都围绕它展开的,在诗歌阅读教学过程起主导、支撑作用,能从整体参与性上引发学生思考、讨论、理解、品析、创造的重要的问题,即"一问抵多问""牵一发而动全身"的课堂教学的主问题。

仍以笔者反思后调整的《雨霖铃》阅读教学为例。

在明确了这首词的主旨是伤离别之后,教师提出问题:作者是怎样写"离别""惜别""伤别"的?

要求:阅读全词,思考后拟出发言要点。

"离别""惜别""伤别"三个词吸引了学生的视线,激发其探究的兴趣:"离别"是一个事件,更侧重客观的描写;而"惜别""伤别"即融有依依惜别、忧伤惆怅之情,侧重情感体验。这提醒学生关注景与情,而"怎样写"则提醒学生关注方法。词人通过寒蝉、长亭、骤雨等景物,季节、时间、气候、地点等离境的勾勒来写离别。而全词上下无不沉浸着惜别和感伤,词人描写冷寂幽清的离别情景、营造凄冷沉郁的离别氛围、摹写执手无语的别时情态、预想凄清孤寂的别后情状,不正是情与景的交融、虚与实的结合吗?学生探究完这道题,既体验到别情，也掌握了方法。

可以说，这个主问题能“一线串珠”地整体地牵动对整首词的理解品读，明晰课堂的教学线条，组织学生课中的活动，制约课堂上零碎的、频繁的问答，有效克服了诗歌阅读教学中零敲碎打、肢解文本的弊端，学生有了课堂自主体悟阅读的时空，其整体阅读活动得以开展，学生真正参与了品读教学。

那么，在诗歌阅读的实际教学中，如何成功设计主问题呢？笔者认为，关键在于找准切入点。

(1)从诗题切入：诗歌的题目往往是全诗内容的体现，尤其是题眼，可以通过它“窥一斑而见全豹”。从这个角度设计出来的主问题，能使学生准确地把握诗歌的内容和脉络。如陶渊明的《归园田居》，围绕诗歌的题眼“归”，设计出“诗人从何而归？为何而归？归向何处？归去如何?”的问题，诗人的情感主线就很容易把握了。

(2)从内容切入：教学选修教材韦庄《菩萨蛮·人人尽说江南好》时，设计“吟咏诗韵，置身诗境，你体悟到哪些江南之美”的问题，使学生在涵泳词作时，关注“江南之美”，从“春水碧于天”里体悟到江南景色之美；从“画船听雨眠”中感受江南生活之美；从“垆边人似月，皓腕凝霜雪”中想象江南女子之美。这一主问题，使学生对词作内容有了整体性把握。

(3)从炼字切入：诗歌最能以凝练的语言表达丰富的意蕴，为此特别讲究炼字。在教学中要让学生充分体悟到炼字的妙处。教学周邦彦《苏幕遮·燎沉香》时，“采撷你认为炼字了得的诗句并简析”这一问题，将学生的注意力集中在“呼、窥、举”等字上，分析其出神入化的艺术魅力，提高阅读鉴赏质量。

(4)从情感切入：鉴赏诗词主要是把握情感、体会意境。所谓“境由心生”“一切景语皆情语”，把握诗人的情感主调，以此析景悟情，水到渠成。如《声声慢》中抓住诗人的“愁”情，设计“析愁景，悟愁情，探愁因”的问题，学生将意象、意境、词人身世等因素融入词作赏析中，形成课堂阅读教学主活动。

(5)从形象入手：诗歌以表达情感为主，往往会有抒情主人公的活动，甚至也会有简单的叙述。如郑愁予的《错误》，执教者围绕着抒情主人公“我”和“你”，设计出以下问题：“我”是谁？“你”是谁？他们发生了什么故事？又有怎样的关系？这个主问题是课堂教学线索，牵引着学生的阅读与思考。学生带着问题，怀着兴趣，诵读品味诗中意象和情境；分析形象，思考表达，参与讨论，听取点拨，探究主题。

(6)从比较入手：比较阅读能加深对文本的理解，发现问题或矛盾，启发思维，加深认识，开阔视野，提高阅读能力。如“思乡”在古诗词中是常写的主题，回顾学过的思乡诗作，对比本诗，谈谈它们的写作角度有什么不同？

以比较为主线，或同中求异，或异中求同，抓住某一诗歌鉴赏因素(或情感，或手法，或主题，或评价)设计主问题，形成阅读教学中的重要环节。概括起来，主要有以下几种：①同一题材诗作的不同情感、写法的比较；②同一主题诗作的不同意象、写法的比较；③同一作者不同时期的作品比较；④同一作者同一时期的作品比较；⑤专家学者对作者或作品的评析比较。

(7)从写作入手：诗歌教学除了在诵读赏析中品味诗人情感、体察表情达意的方法外，还应该引导学生体验诗人的情感，以弥补自己情感经验的不足，或引起心灵的共鸣，从而体验到某种人生情绪。当然，学生受诗歌情境的感染，往往能调动自己的生活经验激起相似的情感体验，教师要抓住这些契机，鼓励学生将自己的情感体验转化成文字，学会诗意地生活。

总之，在教师充分备课(精细阅读课文、思考教学、了解学情)的前提下，找准切入点，“提领而顿”，设计诗歌课堂教学中不同阶段的主问题，就可以“百毛皆顺”，从而促进诗歌阅读教学的有效性：在课堂教学的初读阶段，以主问题牵动对全篇课文的深刻理解，提高学生品读课文的质量；在教学的进行阶段，以主问题激发思考，引发讨论，形成生动活泼的师生互动局面；在教学的深化阶段，以主问题拓展视角，迁移能力，深化理解，酿造课堂教学的高潮。

二、以《有的人》为例谈现代诗的主问题教学设计

【教学实录】

一、导入新课

师：同学们，有这样一位伟人：他一生笔耕不辍，用文学作品带领中国人民前进；他横眉冷对千夫指，俯首甘为孺子牛；他是中国文化的一面旗帜，是民族的脊梁。他是谁？

生：鲁迅。

师：对，他是伟大的文学家、思想家、革命家鲁迅先生。

（课件出示鲁迅的图像）

师：1936 年 10 月 19 日，鲁迅先生不幸病逝。“赶快收殓，埋掉。忘记我，管自己的生活。”这是他最后的遗言。然而，我们能忘记他吗？事别 13 年，著名诗人臧克家写下了《有的人——纪念鲁迅有感》。今天我们就来学习这首诗。

（板书课题、作者）

二、了解写作背景

师：首先我们来了解一下诗歌的写作背景。

（课件出示）1936 年 10 月 19 日，鲁迅先生逝世，国民党反动派血腥镇压，不允许人们悼念鲁迅先生，直到 1949 年，先生逝世 13 周年纪念日，全国各地才第一次公开隆重纪念他。臧克家亲自参加了首都的纪念活动，目睹了人民群众纪念鲁迅的盛况，并瞻仰了鲁迅在北京的故居。他睹物思人，百感交集，心中充满了对鲁迅的思念和崇敬，于 1949 年 11 月 1 日写了《有的人》这首诗。

（学生齐读写作背景）

三、朗读诗歌，整体感知

师：多年来我一直很喜欢这首诗，今天我想给大家朗诵一下，可以吗？

生：可以。

师：请同学们在听的时候，按照屏幕上的要求去做。

（课件出示）

要求：

(1)用“/”给诗歌划分节奏，并用“.”标出重音。

(2)注意语速、语气、语调、感情。

（老师有感情地朗诵）

师：你们想朗读全诗吗？

生：想。

师：下面请同学们自由朗读诗歌，读两遍，不要忽视每一个字。

（学生自由朗读诗歌）

师：哪位同学来给大家读一读这首诗？

（无人举手）

师：大家推荐一位。

生：陈倩仪。

师：好，你来给大家读一下，好吗？

生：可以。

（学生读完后）

师：大家觉得读得怎么样？

生：好。

师：谁来评价一下？

生1：读得很有感情。

生2：读得很有气势。

师：老师来读一读第一小节，你们听听，老师对这两种人是怀着怎样的感情来朗读的？

（老师有感情地范读第一小节）

生1：第一句厌恶地读。

生2：痛恨地读。

生3：第二句惋惜地读。

生4：赞颂地读。

师：同学们说得很好。

师：同桌之间带着这样的情感相互读一读。

（同桌之间互读第一节）

师：同学们带着这样的情感来朗读全诗。左边的同学读每一小节的前一句，右边的同学读每一小节的后一句。

（同桌之间互读全诗）

师：老师找七组同学分别来朗读诗歌的七个小节，在朗读的时候，要注意语气和节奏。

（学生朗读）

师：同学们读得很好，读出了对人民的爱和对敌人的恨。

师：全诗七个小节，同学们有没有发现有些小节之间在内容上有一定的关联？

生：（思考后回答）互相照应。五、六、七节分别照应二、三、四节。

师：我们以二、五小节为例，一起来读读这两个小节，我们要读出人民的爱和人民的恨。

（对比朗读：男同学读第二小节，女同学读第五小节）

师：同学们，人民的情感是真实的、真诚的，就让我们通过真情的流露来怀念那些为人民做牛马、为人民服务的人吧。下面请同学们一起来朗诵全诗。

（全班齐读全诗）

四、品读诗歌，感悟诗意

师：第一诗节有两个"活"字和两个"死"字，如何理解它们的含义？

生1：第一个"活"指肉体活着，第二个"活"指精神活着。

生2：第一个"死"指精神的死亡，第二个"死"指躯体的死亡。

师：这几节诗中有两个句子出自鲁迅先生的作品，清楚地体现出对鲁迅先生的纪念，请同学们找出来。

生：俯下身子给人民当牛马；情愿做野草，等着地下的火烧。

师：我们首先看第一句——俯下身子给人民当牛马。这句诗化用鲁迅先生的诗《自嘲》中的"横眉冷对千夫指，俯首甘为孺子牛"。

（课件出示《自嘲》）

运交华盖欲何求，未敢翻身已碰头。

破帽遮颜过闹市，漏船载酒泛中流。

横眉冷对千夫指，俯首甘为孺子牛。

躲进小楼成一统，管他冬夏与春秋。

（显示后学生齐读）

师："俯下身子给人民当牛马"，从这句诗中我们读出了鲁迅先生的什么精神呢？

生1：任劳任怨。

生2：无私奉献。

生3：鞠躬尽瘁。

师：我们把这种情感放进诗中，再来读一读。

（生小声读）

师：我们再来看第二句——情愿做野草，等着地下的火烧。这句诗出自鲁迅先生的《野草·题辞》。

（课件出示《野草·题辞》）我自爱我的野草，但我憎恶这以野草作装饰的地面。地火在地下运行，奔突；熔岩一旦喷出，将烧尽一切野草，以及乔木，于是并且无可朽腐。

（显示后学生齐读）

师：野草有着什么样的特点呢？

生：生命力顽强。

师：那么我们从这句诗中又能读出什么呢？

生1：鲁迅以野草自比，为了革命，甘愿献出自己的一切，乃至于生命。

生2：是一种彻底的牺牲精神。

生3：是一种“无我”的人生境界。

生4：牺牲自己，换取革命的胜利和人民的幸福。

生5：“春风”“到处”“青青”这些感情色彩鲜明的词语，是作者对为人民奋斗一生的革命战士蓬勃生命力和不朽精神的热烈歌颂。

生6：妄想流芳百世的人，灵魂早已死去，而“野草”生命力却极强，正像白居易所说“野火烧不尽，春风吹又生”。

师：同学们说得非常好，请大家再试着读一读这句诗。

（生兴致盎然地读）

师：这首诗为纪念鲁迅先生而作，为什么不用“鲁迅赞”或“纪念鲁迅”为标题而是以“有的人”进行反复咏叹呢？

生1：因为这是一首诗，诗歌的语言要含蓄。

生2：还要凝练。

生3：如果以“纪念鲁迅”为标题，那么诗就显得非常的直白，也就没有诗味了。

师：同学对诗歌的解读非常透彻。这首诗其实是写了几类人呢？

生：两类。

师：哪两类人呢？请同学们找一个词语或短语来概括一下。

生1：行尸走肉的人。

生2：流芳千古的人。

生3：欺压人民的人。

生4：为人民服务的人。

生5：遗臭万年的人。

生6：作威作福的人。

生7：为人民所颂扬的人。

生8：被人民唾弃的人。

师：同学们说得非常精彩。大家思考一下，诗中对这两类人采用了一种怎样的写法？

生：(思考后回答)对比。

(板书：对比)

师：作者对这两类人分别进行了哪些方面的对比？

生1：人生价值的对比。

生2：对人民的态度进行了对比。

生3：在追求方面也进行了对比。

生4：对社会的作用进行了对比。

生5：最后的结局进行了对比。

师：下面请同学们对比朗读全诗。女同学读每一小节的前一句，男同学读每一小节的后一句。

(生对比朗读)

师：诗人在两两对比中揭示了深刻的哲理，那么从这些诗句中你读出了什么哲理呢？

生1：像鲁迅先生这样“鞠躬尽瘁，死而后已”的人永远活在人们的心中！

生2：鲁迅先生虽然离开了我们，但是他的精神永存！

生3：鲁迅先生是“民族魂”，他的精神永远指引着我们前进！

生4：全心全意为人民服务的人永生！

师：同学们说得太好了！现在就让我们带着对鲁迅先生的深切缅怀和无

限敬意齐读全诗。

（学生激情昂扬朗读全诗）

五、背诵诗歌，加强积累

师：同学们读得太有感情，太有气势了！现在能背诵这首诗吗？

生：（齐说）能！

师：好。下面请同学们选择自己喜欢的诗节背诵。

（学生有感情地背诵）

师：哪位同学来背一背？

生1：我背诵的是第一节。

（流畅地背诵）

生2：我背诵的是第二节。

（虽然背诵得不是很流畅，但是很富有感情）

生3：我背诵的是第四节。

（有感情地背诵）

生4：我背诵的是全诗。

（有感情，有气势）

师：同学们背诵得真好！最后让我们一起背诵全诗。

（师生齐背全诗下课。）

【设计意图】这首诗是我国现代著名诗人臧克家于1949年新中国成立后，为纪念鲁迅逝世13周年而写的，所以副标题是"纪念鲁迅有感"。但是这首诗不只是单纯地写对鲁迅的怀念，而是通过与鲁迅截然相反的"有的人"的对比，批判了那些骑在人民头上的统治者和压迫者，热情歌颂了鲁迅先生为人民无私奉献的可贵精神，号召人们做真正的有价值的人。诗歌语言含蓄、凝练，感情深沉，蕴涵着丰富的人生哲理，对学生树立正确的人生观有着深刻的教育意义。

对比是这首诗的主要写法，诗的每一小节都用对比手法来写，每一节都是先反后正，这样，使正反两方面的形象更加鲜明，主题更突出。因此，我在教学设计时注重"对比"，运用主问题推进教学。朗读指导中采取多种形式进行对比朗读，如：每一小节前后两句话对比读；行为和结果的对比读；还有更加细化的第二小节第一句和第五小节第一句的对比读。通过这种对比朗读，既能帮助学生体会诗歌的内蕴，也能在潜移默化中学习对比的表达手法。学生对课文内容的感悟自然也得到了提升。这样通过对比，以读代教，让学生在读中品味，读中感悟，取得了较好的效果。

第四节　文言文的主问题教学设计

一、以《口技》为例谈文言文的主问题教学设计

《口技》这一名篇，是清代林嗣环《秋声诗自序》中的一部分，他在这篇"自序"的结尾时说："若而人者，可谓善画声矣！遂录其语，以为《秋声》序。"可见，他是借口技表演者的"善画声"来说明作诗文要善于绘声绘色地描写生活。张潮认为《秋声诗自序》是一篇"奇文"，他的评语为："绝世奇技，复得此奇文以传之，读竟(它)，辄浮大白(就喝一大杯酒)。"

这样的奇文，仅仅靠教师分析，容易使学生感到枯燥。经过再三思索，决定从首句"京中有善口技者"中抓一"善"字。因为课文里所有的描述、议论都是"善"的表现。学生抓住描述的纲，就能"举纲张目"，领会全篇。

师：通读《口技》一文后，请你们找出最能概括全文的一句话和一个字(词)。

生：一句话是"京中有善口技者"。一个字(词)是"善"。

师：《口技》中第一句是全文的概括句。一个"善"字带动了全篇，它是文眼。仔细品味全篇无处不是"善"。请大家认真寻找有几处地方表现了口技人表演之"善"的。

生：开头结尾处道具的介绍意在表现艺人表演之"善"。

师：很好。你善于瞻前顾后，联系全文首尾思考。此为一"善"！

生：文中2、3、4小节正面描写口技人模拟的各种声音多而且很像，表明了表演者的技艺之精湛。

师：你找得很全。此为二"善"！大家一起朗读2、3、4小节正面描写的

部分。

（生齐读。）

师：再开动脑筋找一找。从正面描写这一方法，我们可以得到启示。

生：文中写观众的神态、动作反应的句子，是从侧面刻画表演者的“善”。

师：你反应真快。此为三“善”！这里是侧面描写。请一位同学朗读。

（生朗读。）

师：再仔细品读，还有哪些地方表现了“善”？

生：第4节中，作者的赞语和议论部分也是写其“善”。

师：很好，你真聪明，你从作者的议论中发现了口技人的“善”。此为四“善”！

生：还有一处在开头一节。宴请宾客饮酒助兴的方式多种多样，而主人却偏请来口技人前来助兴。从“会宾客大宴”一句不难看出，主人的出身必定是一个富庶人家，因此可大摆宴席邀请口技人，从这一点上判断，艺人并非庸者，此处暗含一“善”。

师：你是“火眼金睛”，善于观察、寻找。此为五“善”！

生：我补充一点。本节“但闻抚尺一下，无敢哗者”这一句也能看出。在过去，艺人属于下九流。他的抚尺不是县太爷的惊堂木，响了一下为何却能声压满座？不是别的，是艺人的威名远扬使在座众人早就想一睹为快，所以“无敢哗者”，这里依然是扣住“善”字介绍。

师：此为六“善”！

生：还有一处。夜阑人静，犬吠声从深巷中传出，声响虽然不太大，但把妇人惊醒，而丈夫对此丝毫不觉，过去是男耕女织的生活，繁重的体力劳动使男子沉沉而睡，呓语也正说明男人未醒。由于妇人欠伸弄醒了依偎她而睡的哺乳期婴儿。小儿大啼使沉睡中的父子二人相继醒来，大儿毕竟是小孩，被小儿吵醒心中不满，因此絮絮不止。这也就惹恼了正在觉头上的父亲，所以叱大儿。

一切恢复平静，男人很快酣然入梦，妇人还要照料小儿，深更半夜困倦袭扰着妇人，也使她渐渐入睡，一切都是那样的宁静，因此才有老鼠出来活动。

忽一人大呼火起，这里解释了前面犬吠的原因。前面犬吠可能是起火之初火星点点引起犬吠，也可能由于放火人的行踪而引起，且不去探讨犬吠的缘由，犬吠之声定然不是无缘无故。当在夜深人静，老鼠肆无忌惮地活动的时候，“忽一人大呼火起”，从常态判断夫妻二人会被同时惊醒，但为何先表演夫起大呼？男子反应快，尤其是动作的敏捷性一定优于女子。至于着火后其他声响口技人也作了惟妙惟肖的表演。

以上说明口技人深入生活，善于观察生活，声响的编辑符合人物的身份，符合生活的逻辑。口技人的表演艺术真实地再现了生活，因此使众宾客产生身临其境的感觉。在这一点上尤其能体现口技人的“善”字。

师：你真是太有才了。你的分析很细致，很有道理。大家为你鼓掌。此为七“善”！

生：众宾客“奋袖出臂，几欲先走”。设想“先走”的后果，必定会挤、压、碰、撞，使宴席一片狼藉，艺人本来是前来助兴的，这岂不是扫兴。在这关键的时刻，抚尺一下，戛然而止，撤屏而视，使众宾客又回到现实生活中。时机的把握令人拍案叫绝，此处又是一“善”。

师：非常棒！你又找到一“善”。此为八“善”！综合同学们的思考、回答，全篇共有八“善”之多：有直写表演人之善的，有暗含在字里行间的，有蕴藏在生活哲理中的。仅仅三百余字巧用一“善”串珠，首尾呼应，淋漓尽致地描绘出让人回味无穷的不朽篇章。从这一点上让人体会到我国民间艺人的智慧和才能，领悟到我国古代文化的绚丽多彩和博大精深。从这篇文章中，我们不仅可以领略到口技人的“善”，同时也体味到作者的写作、表达之“善”。

语文阅读教学要高效率，要采取的措施有很多，尤其离不开教师课前的精心预设。我运用《口技》这一创新教学设计进行课堂教学，从教学的过程看，这是一堂快乐的语文学习课，从上课的效果看令人满意。整堂课的教学抓住一个“善”字，目标指向明确而集中，能紧扣重点，体现主旨，不枝不蔓。课堂结构紧凑有序，教学节奏舒急适度。教学过程中，不是老师分析，而是让学生积极地投入到找“善”字的活动中。开展找“善”比赛，不仅突出了学生的主体作用，而且充分发挥了学生的积极性。这样又读又找，教学的目的达到了，较好地体现了教师的主导作用与学生主体作用的有效发挥。

二、以《与朱元思书》为例谈文言文的主问题教学设计

1. 主问题让课堂活动熠熠生辉

【课堂片段】

师："山川之美，古来共谈"，江山如此多娇，引无数骚人墨客吟诗作文。南朝梁代著名骈文家吴均的《与朱元思书》，仅用一百四十四字便生动逼真地描绘出富春江沿途的绮丽风光，被视为骈文中写景的精品。吟诵此文，但觉景美、情美、辞美、章美，如此短的篇幅，却给人以美不胜收之感，令人叹为观止。请同学们细致诵读全文，找出多方面的美点。

生：文章描写的景色美。如"风烟俱净"，写出天空之高爽明净。作者从大处着眼，为下文的工笔描摹勾勒出一幅淡雅、清丽的山水画背景。

师：同时，它又成为"天山共色"的陪衬。

生："天山共色"，峻山耸入九天，挺拔秀劲。仰视之时，天山相连，万里无云，共呈一色。此乃"奇"山之隐喻。

生："从流飘荡，任意东西。"一叶扁舟于江水之上，不得不随波逐流。这两句写水之自然奔流，舟之任意东西，已暗示此水之"异"，并隐喻了作者由此而产生的飘逸之情。

师："风烟俱净，天山共色，从流飘荡，任意东西。"这是总写。开篇别开生面，新辟奇境，节奏明快，如陡板走丸，精彩夺人。作者泛舟于浩浩江面之上，饱览着沿途悦目赏心的绮丽风光。

生：第二段写"水"，突出其"异"。

师：如何看出？

生：先抓住其"缥碧"的特点，用夸张的手法写江水秀丽，写出其晶莹清澈的静态美；"水皆缥碧，千丈见底；游鱼细石，直视无碍。"碧波荡漾，澄澈透明；鱼群穿梭，争与人乐，逗人游兴；细石垒垒，怪形异状，以奇引人。鱼之动，使得山水别有生趣；石之静，衬得鱼之可爱。两者相映成趣，逼真欲现，给人以清美秀丽之感。

生：我补充一点。这几句还用比喻的手法勾勒其急湍猛浪的动态美，写

江水的雄壮。山高岭连，自然水之落差极大，成滔滔汩汩之势。波光粼粼，水声轰鸣，置身于此山此水，给人一种心胸壮阔、感情激越之感。

师：这部分文字描写，静中有动，动静结合，显示出富春江水的秀丽之美和壮观之美，突出地表现了一个"异"字。

师：下面内容从多角度描绘山的特点，凸现其奇特之美。

生："夹岸高山，皆生寒树。负势竞上，互相轩邈。争高直指，千百成峰。"这里没有铺写重岩叠嶂，奇壁陡峭之状，而其遮天蔽日、横云割雾之形依然可见。

生：究其实，是作者巧妙地通过一个"寒"字体现出来的："寒树"缘无阳光温暖而来，无阳光是因为山之高。"负势竞上，互相轩邈。"寒树不畏天高气寒，顽强地生长，互比高低，给山增加了无限生机。"争高直指，千百成峰。"寒树直指苍穹，参差起伏，蜿蜒连绵，宛若山峰。

师：作者在此通过树的特点：适寒、竞长、繁多的描写，突出了树之奇，也就显示了山之奇。真可谓别出心裁。这是以树写山，突出山势之奇。

生："泉水激石，泠泠作响。"游览在江水之上，眼看水石相激，溅起朵朵浪花，耳闻泠泠泉声，委婉动听。这两句是文章之枢纽，由绘形写貌，过渡到模拟声音。

生：作者步步写来，层层墨染，境界递现。画面转换，妙造自然。

生："好鸟相鸣，嘤嘤成韵。蝉则千转不穷，猿则百叫无绝。"由奇山异水，引出鸟禽的奇声异音。鸟之鸣，婉转流丽，晶莹润畅，富有音韵之美，悦耳动听。蝉、猿之声，在空谷传响，袅袅不尽，从侧面突出了山之连绵不断。

师：这是以声写山，突出山音之奇。

生："鸢飞戾天者，望峰息心；经纶世务者，窥谷忘反。"具有一飞冲天雄心的人，看见这样的高峰，也要沉迷山景而不作非分之想；为世俗之事所缠绕的人，望见这样的山谷也要流连忘返，宁愿遁迹山林，不作凡夫俗子。如果说文章前面是正面落墨，那么这里就是侧面着笔，通过衬托的手法，强化了山水诱人的力量。

师：这是侧面写山，突出山意之奇。有奇山异水，有奇声异音，必有人之奇形异迹。顺理成章，过渡自然；笔墨有序，环环相扣。

生：作者再从色的角度写山林中有日无光之奇。山外虽然晴光万里，山中却别有景象。

生：作者笔锋又从动到静，写出了谷中枝密林茂，浓荫蔽日，在白天也只是“有时见日”的幽暗的景象。

师：这是以光写山，突出山林之奇。这一段写山之形之声之色，抓住此山此水特征，都紧扣一个“奇”字，把动与静、声与色、光与影巧妙结合，为读者描绘出一幅充满生命力的山水图，让读者充分享受到了富春江两岸的“山川之美”。

师：文中不仅如此，还在景中含情，表现志趣高雅之美。魏晋时期，信奉老庄，崇尚清谈，或者愤世嫉俗，成了延续几代的社会思潮的主流；到了魏晋玄学的兴起，就进而促成了个人主义、自然主义人生观的发展，从而追求人性返于自然。经由清谈风尚的推衍，走到了南朝的唯美主义。由此观之，吴均写《与朱元思书》时的基本精神状态，应该突出表现为由于时代原因引起的人性解放而形成的一种并不否定生活意义的思想。所以，他鄙弃名利的方式远不如传统文人那么强烈，而是更多地表现出随缘而适的较为平和的特点。他的牢骚与抑郁在《与朱元思书》中，表现得更加含蓄，更多地表现出一种挣扎但并不激烈、反抗但并不坚决的精神状态。

细细品味，作者的这种志趣，既不同于“知其不可而为之”的积极入世，又不同于“采菊东篱下，悠然见南山“的消极遁世，它是一种对轻松自然的崇尚，对自由和谐的向往，对欢乐生命的礼赞。它比前者少了份严肃，多了份潇洒；比后者少了份悲观，多了份开朗，因而更具一份常人心态，也就更容易使人接受并感到亲切。

这种高雅志趣，作者是通过景色描写来表现的。本文重在写景，直接抒情写志的语言很少。但历来优秀的文章都讲究情景相生，我们可从作者对景物的描写中，从寥寥几句写观感的语句中，领略到作者高雅的志趣、高洁的情怀。我们可以从首段“从流飘荡，任意东西”一句中，感受到一种享受自由、无拘无束、无牵无挂的轻松惬意；从对山水的描写中，体会到作者对自然、自由的热爱，对生命力的赞颂。更令人赞赏的是，在描绘山景时，作者插入两句观感：“鸢飞戾天者，望峰息心；经纶世务者，窥谷忘反。”这几句感受，不仅从侧面衬托出险峰幽谷的夺人心魄的魅力，更是传达出作者对功名利禄的鄙弃，对官场政务的厌倦。

如果说“鸢飞戾天者，望峰息心；经纶世务者，窥谷忘反”是虚写，那么前面则是实写。实写一方面给人以具体的感受，又为虚写提供了依据；虚写进一步突出实写。两者共同表现“奇山异水，天下独绝”。同时文章又实中有虚，虚中见实。具体描写时，给人广阔的想象天地，使其具有意境上简笔勾勒的美感；侧面虚写中含有形象，且从真实性角度看，又觉合情合理。作者手法的灵巧使文章具有虚实相间之美。

生：我还发现了本文的语言之美。本文是用骈体写成的。

师：对，骈文从魏晋开始形成，南北朝时成为骈文的最盛时期。骈文在用词方面讲究辞藻修饰，语句多用四言或六言的平行的骈偶句式（骈文也称四六文），来表现相似或相反的意思。虽然人们经常批评这种文体，说它追求形式，内容空虚，但清者自清，浊者自浊，文章的内容并不完全由形式决定，吴均的《与朱元思书》就是一篇内容充实、情文并茂的杰作。它体现语言之美，着重白描，不用典故，字句清新，精于铸炼，丝毫没有雕饰堆砌的痕迹，形象而逼真地展示了浙西秋季的山水景色，俨然是一幅明朗饱满的写生画，表现出相当高的艺术成就。

但本文又有异于当时一般的骈文，它在一定程度上打破了骈文形式上的束缚，体现了可贵的突破与创新。其一，在四字句、六字句中运用了“鸢飞戾天者，望峰息心；经纶世务者，窥谷忘反”这样的五字与四字交替运用的句式，这就避免了骈文刻板划一的弊病，使语言显得活泼洒脱，具有骈散相间之美。

生：文章前半部分几乎没有对偶，无异于一般散文（尤其是第一节），后半部分则基本上都是工整的对偶句，这样骈散结合、疏密相间的安排，使语言灵活多变，更具韵律之美。

生：文章的语言有清新之美。文章没有像一般骈文那样堆砌典故，甚至故意用冷字僻字，写景状物，力求准确传神，例如写水流，仅用 8 字。抓住“急”来写，是“湍”而急，是“浪”而猛，直接描绘江流湍急、惊涛骇浪的阵势。这使文章语言显得清新自然，生动流畅，在当时以绮丽浮靡为主流的骈文中显得卓尔不群，超凡脱俗，犹如山水画中的水墨点染。

生：我还发现了文章的结构美。《与朱元思书》篇幅虽短，但也很讲究章法。

文章开篇以简洁的笔触，给我们勾画了富春江山水的背景：阳光明媚，天高云淡，空气清新，山色苍翠，并总述自富阳至桐庐水上之游的总体印象："奇山异水，天下独绝。"这是总写。

"自富阳至桐庐，一百许里，奇山异水，天下独绝。"作者承上文扬起的文势一宕，要言不烦，交代出地点、距离，以及其特点——"奇山异水，天下独绝"。并以此八字总领全篇，二、三两段分承"异水"和"奇山"两方面，环绕"独绝"二字展开生发和描摹，结构上纲举目张，脉络分明，具有层次清晰之美。

生：写景顺序上先"水"后"山"，由近及远，逐层展开，符合"从流飘荡"的观景习惯，条理清晰，使画面很有层次感。

生：写景重点上，全文详写"山"略写"水"；写"水"的部分，详写静态略写动态；写"山"的部分，详写动态略写静态。这样既突出景物的主要特征，又显得详略适宜，轻重有度，具有详略得当之美。

生：文章至此似乎可以结束，然而作者又写出这样四句："横柯上蔽，在昼犹昏；疏条交映，有时见日。"仔细咀嚼，方觉其妙，光线随枝条疏密而或明或暗，又因船行而或暗或明。这是以静写动、寓动于静的手法，而且还起了反复渲染的作用。写树木遮空，昼夜不分，既照应前面对寒树的描写，又给山水增加奇色异彩，更使结构更加严谨完美。全文犹如作者放出的千里之线，这里又收回手中，绾接文章开头四句，总揽经纬，悠然而止。

师："能于浅处见才，方是文章高手"（李渔《闲情偶记》），"论文字，最要知味，平淡最淳最可爱，而最难"（林语堂《生活的艺术》）。拿以上的话来品评吴均的创作是再贴切不过的了。《与朱元思书》不用典故，着重白描，格调率真自然，见"奇异"于平淡，抒雅兴于自然，有着丰富的形象性和表现力。读之，如品一首好诗，因为它不仅有词采隽永、音节和谐的诗一般的语言，更洋溢着清新淡雅的诗情；读之，如赏一幅山水写意画，因为它有特色鲜明的景物，更有明朗洒脱的画意。千百年来它给人们平添了无限的艺术情趣，受到人们的赞赏，不愧为艺术园地里的一束鲜艳夺目的奇葩！

【设计意图】

在主问题设计研究方面，余映潮说过这样几句话：主问题是教学中立意高远的课堂教学问题，有着“一问能抵许多问”的艺术效果。它与课文有血肉的联系，能够牵一发而动全身，有利于课文的整体阅读教学。用主问题来形成课堂教学步骤，往往表现出一种线索之美，表现出“妙在这一问”的新颖创意。

余老师对于主问题的研究与探索，用来指导我们的课堂教学，常常能让我们的课堂教学活动熠熠生辉。

如《与朱元思书》的美点品析阶段，我设计了这样一个主问题：请同学们再次走进课文，从语言之美、画面之美、结构之美等不同的角度去发现课文的美妙之处。

同学们发现、欣赏的眼光迅速伸向课文深处：

“从流飘荡，任意东西”写得美，我仿佛感受到了一种自由自在、无拘无束的轻松惬意；“缥碧”强调了水的青绿、澄清；“千丈见底”夸张地写出江水清澈透明；“游鱼细石，直视无碍”让我感觉到静静的细石与快乐的游鱼相映成趣……

像这样长时间、大面积、深层次的品析活动，常常在我的教学中生动地出现。这便是主问题教学实践所带来的课堂艺术的魅力，这样的魅力，在一问一答式的教学中，永远感受不到。

所以我认为：主问题是从课文中提炼出来而又能让学生深入课文中去的大问题，在课堂教学中，它能够让以学生探求的眼光进入课文的每一个角落，从而达到引导学生细细思考、深刻探究的目的；而这些又始终是围绕着某条主线进行的，这就是主问题的凝聚力和支撑力。

我尤其深深地感受到：就提问研究而言，主问题既是对传统的课堂提问方式的改造和创新，也是对阅读教学课堂活动方式的改造和创新。

第四章

问题群教学设计

第一节　小说的问题群教学设计：以《台阶》为例

教学目标：

1. 抓住关键语句，概括故事情节。

2. 品读文中细节，把握人物思想感情。

3. 体悟作品中崇敬和怜悯的感情色彩。

核心目标：品读细节描写，赏析父亲形象。

教学过程：

在学生自主阅读文本的基础上开始教学。

思考1：用一句话概括故事大意，梳理故事情节。

师：试用一句话概括文章主要内容。

生：父亲造新屋。

师：造新屋，文中只写了一小段(11小节)。再思考，怎样概括更好？

生：父亲造新台阶。

师：如果要概括得更准确些，怎样加上一些必要的修饰性词语，使得表达更明白。例如：父亲(……)造(……)台阶。

生：父亲用大半辈子的时间建造了一栋有九级高台阶的新屋。

师：很好。父亲历尽千辛万苦，用大半辈子的时间建造了一栋有九级高台阶的新屋。

【设计意图】整体感知概括故事大意，有效培养学生的信息提取和语言概括表达能力。既教给学生方法，又严格要求学生进行语言提炼，培养了学生思维的严谨性。

师：我们都知道小说的三要素是什么？

生(齐):人物、环境、情节。

师:下面大家抓住文本的关键词语,梳理文章故事情节。文章题目是《台阶》,首先要抓住“建台阶”来分层,看看哪几小节写“建台阶”的内容?

生:18~24 小节。

师:18~24 小节,有没有关键词,即标志性的词句?

生:有。接着开始造台阶。

师:还有一个非常明显的语言标志。

生:新台阶建好了。(24 小节)

师:我们可以倒推,准备造台阶是哪几小节?准备造台阶的关键词语在哪儿?

生:第 9 小节中有“准备”一词。

生:我们家的台阶低。

师:老师提问的是“父亲准备造台阶”的关键词。

生:父亲的准备是十分漫长的。

师:第 9 小节末尾,第 10 小节开头,都有一个“准备”。因此,9~15 小节,那么再往前,如何概括?

生:父亲觉得我们家的台阶低。

师:如何用同一句式来概括?

生:父亲想建台阶。

师:从 24~31 小节,仿照前面的三部分来概括。

生:父亲不适应新台阶。

师:意思对,可以概括得更好。

生:父亲建成新台阶。

【设计意图】教会学生紧扣文题“台阶”这一关键词,概括小说情节的四部分,有“法”可依,使学生思维流畅,水到渠成,并及时纠正学生回答中的不准确之处,训练学生语言思维的科学性、缜密性。

过渡语:刚才,我们讨论了小说的故事情节,可以概括如下:想建台阶(1~8)——准备建台阶(9~16)——建造台阶(17~23)——建成台阶(24~31)。大家知道,小说三要素中,最重要的是人物。下面,我们采用圈点批注法，品读细节描写，品析“父亲”形象。

思考 2：父亲是个怎样的人？

PPT 出示：圈点批注，品读细节（教师示范）

例 1：“他今天从地里捡回一块砖，明天可能又捡进一片瓦，再就是往一个黑瓦罐里塞角票。”

批注：我从“一块”“一片”这两个数量词中读到了父亲勤俭的品质和坚忍不拔的毅力。

例 2：“父亲坐在绿荫里，能看见别人家高高的台阶，那里栽着几棵柳树，柳树枝老是摇来摇去，却摇不散父亲那专注的目光。”

批注：从这一句的“摇不散”“专注”中，我读到了父亲身上对目标追求的执着，对被尊重的向往。

师：你赞同老师的批注吗？

生：赞同。

师：父亲为什么目不转睛地望？

生：因为人家的台阶高。

生：从 8 小节中“乡邻们在一起常常戏称：你们家的台阶高！言外之意，就是你们家有地位啊。”可以看出“台阶高，房屋主人地位就高”。

师：很好。类似的地方文化习俗，我们南通地区也有。南通建房子的风俗是屋檐高，就代表房子主人地位高。这跟作者的家乡——浙江农村的建房风俗是一样的。

【设计意图】教师先示范，后让学生模仿，使得其思维流程顺畅，思维火花迸发，收到“授之以渔，事半功倍”之效。

下面大家就寻找一两个自己喜欢的文段进行圈点批注。

【设计意图】教师在教室里巡视，与学生小声讨论问题。这样可以随时关注学情，增强师生互动。学生自行批注，注重独立思维能力的培养。

加完批注后，同桌之间相互讨论，互相启发。

生：10 小节。父亲是一个连在冬天农闲时都不休息的人——鸡叫三遍时父亲出发，黄昏贴近家门口时归来，把柴靠在墙根上，很疲倦地坐在台阶上，把已经磨穿了底的草鞋脱下来，垒在门墙边。一个冬天下来，破草鞋堆得超过了台阶。

师：很好。还有其他地方。

生：从“我们家的台阶低，不知说了多少遍”中，看出父亲是一个渴望被尊重的人。因为目标没有实现。

师：非常好。从马斯洛的需要层次理论看，尊重是人的第二层次的需要。渴望被别人尊重没有什么过错。

生：父亲还是一个盲目追求高台阶的人。

师：你思考得很深刻。等下课之前，我们来解决这个问题。（留有悬念。）

生：我想说父亲是一个节俭的人。在2小节中“他的脚板宽大，裂着许多干沟，沟里嵌着沙子和泥土；他的那双脚是洗不干净的，要过年时才在家里用板刷特别洗一次。”

师：你要再具体分析一下。你刚才读的是原文，你用自己的话表达一下。

生：父亲舍不得在家用热水洗脚。因为没有柴烧水。

生：从17小节中可以看出父亲建房时很兴奋，看出父亲的勤俭。

师：大家同意吗？说得很好。

生：27小节。“我连忙抢父亲的扁担，他粗暴地推开我。”说明父亲是一个倔强的人。

生：17小节写父亲精力旺盛，“给这个一支烟，给那个一杯茶……”说明父亲是一个十分憨厚、质朴的人。

生：2小节中，父亲是一个有力量（力气）的人，他从年轻起就开始艰苦奋斗。我们家的台阶有三级，用三块青石板铺成，那石板多年前由父亲从山上背下来，每块大约有三百来斤重。

【设计意图】这一环节，用五分钟时间让学生小组合作讨论，各组将讨论的结果自由写到黑板上，然后请各小组派同学挑选本组最具特色的或其他组没有说过的词语进行阐述。同学们都争先恐后地到黑板前展示本小组的合作答案。这比常规的叫单个同学起来回答效果更好，因为这样可以让班级的每一位同学都能充分地参与到课堂问题讨论中来，有效地激活了思维，切实提高了课堂效率。

过渡语：由于时间关系，课上来不及请同学们一一展示了，留给大家课后交流吧。父亲身上有很多优点，他勤劳、简朴，他爱家、有责任心，对目标有执着的追求。作者通过台阶从三级到九级的变化，表现了父亲的变化。现在通过合作讨论，深入思考，探究主旨意蕴。

思考3：作者围绕台阶的“变”，运用哪些细节描写表现父亲的“变”？

（**提示**：分别找出在低台阶上和高台阶上父亲不同生活的画面，然后分别说说你读到了父亲的哪些变化？）

生：30小节“这人怎么了？”表现了父亲的变化。

师：什么方面的变化？

生：语言、心理细节方面的变化。

生：原先坚强的形象没有了，“他那颗很倔的头颅埋在膝盖里半晌都没动，那极短的发，似刚收割过的茬，高低不齐，灰白而失去了生机”。这是他形体外貌细节方面的变化。

师：很好，你看得很仔细。

生：5小节中“……坐在台阶上很舒服。以前非常喜欢坐在青石板上”。28小节中写父亲对坐台阶失去了兴趣。

师：有好几处写出父亲坐在台阶上的感觉不同。再找一找。

生：5小节，26小节，“很舒服”与“不自在”对比。

师：还有。

生：14小节和25小节写到他磕烟灰的动作，在三级台阶上，“把烟枪的铜盏对着青石板嘎嘎地敲”，表现父亲那种辛苦之后的惬意；在九级台阶上，“他忽然醒悟，憋住了不磕”，辛苦过后反而不自在。

师：分析得有道理。

生：之前坐在台阶上感觉好，26小节中，父亲一直往下坐。

师：还有，“不自在”“还是不自在”。请读26小节，第二行到第四行。读出“父亲的不自在”。

【小结】

PPT出示：文中写出父亲哪些方面的变化？

1.身体的变化。

2.神情一反常态。

3. 磕烟灰的动作不同。

4. 坐在台阶上的感觉差异。

思考 4：为什么台阶造好了，父亲反而不自在呢？探究父亲变化的原因。

生：父亲保持了原有的一种生活习惯，对新的台阶不适应。

师：在 26 小节中，有个地方非常含蓄地表达了父亲“变”的真正原因。（提示：就是关于邻居与父亲的对话。）邻居问了父亲什么？

生：你晌午饭吃过了吗？

师：父亲坐在高高的九级台阶上，他希望邻居问什么？

生：哦，你家台阶真高呀！（生笑）

师：如果这样问，父亲会怎么回答？

生：不高，不高。

师：台阶已经翻了两倍，为什么还说不高？

生：这是谦虚的说法。

师：事实上，邻居的问话使得父亲按照原有的思维路线回答成“没吃，没吃”。仔细揣摩，文章写得真是奇妙无穷呀！

显然，没有得到他最想得到的——来自别人的对其人生价值实现的肯定和尊重，这是导致父亲精神状态改变的重要原因。于是父亲的精神在这个非预料的场景之后轰然倒塌，彻底变了。

大家再想想，还有一个原因是什么？台阶是自己想造的，为什么台阶造好了，自己不舒服呢？

（教师提示、讲解）

PPT 出示：德国哲学家海德格尔说：“筑造的本质目的是让人栖居。”“栖居”的特征是“保护”。

再看我们古人造“屋”这个字的含义。

PPT 出示：“屋”字，其义有“居也”之意，是住人的地方。这与海德格尔的“栖居”含义相同。同时，“屋”字还可作动词，有“屋之”之义。“屋之”，就是“遮挡”，挡风挡雨挡日晒，关上门睡觉挡坏人。

师：从海德格尔的“栖居”到汉字的“屋”，这样联系思考再回顾父亲造屋的目的，那么，父亲为“地位”造屋不就错了吗？人们根据自己的情况，适当地把房屋造得阔一些、高一些，住得舒服一些，本无可厚非。这也是人应该追求的。但是让房子承载一种表现地位的观念，成为人们的精神负担，那就不好了。父亲超越自己的经济实力，勉为其难，为追求虚浮的“地位”，花大半辈子造高台阶的屋子，不但没有“保护”自己，反而伤害了自己。由此，我们可以从中获得什么启示呢？

生：在制订目标时，一定要注意到目标适合自己。

师：你说得非常好，谈到目标的适切性。目标的确定，就像买鞋一样，不是鞋越大越好，不是越贵越好。只有适合自己脚的鞋，才是最好的鞋。人在生活中，要活出精彩，制订目标十分重要。

PPT出示：如果一个人不顾自己的实力去追求一种虚浮的东西，那么，他的人生必将是暗淡的，不管成功与否。读了这篇作品，要知道学会栖居，学会生存，人就要为自己作出恰当的定位，要活给自己看，而不是活给他人看。

【设计意图】对文本的深入解读，对人物心理的独到剖析，对人物命运的深刻阐释，渗透了文化学、民俗学等学科内容，体现了大语文观，使得学生真正学有所得，理解了“目标制订”对于人生的重要意义。盲目地追求高目标，就会像文中的父亲一样。这样不仅提高了学生认知技能，还加大了思维力度，在情感态度价值观方面，起到了较好的引导和渗透作用，且呼应开头学生对父亲性格的分析，解开了教学悬念。

过渡语：因此，本文的“台阶”有两种含义。

PPT出示：板书设计

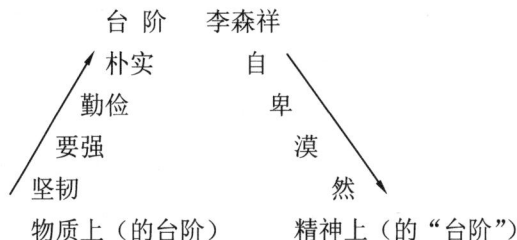

台阶　李森祥

朴实　　自

勤俭　　卑

要强　　漠

坚韧　　然

物质上（的台阶）　　精神上（的“台阶”）

【设计意图】板书也呈台阶式，和文题相映成趣，概括精确，一目了然，便于理解和记忆，能够使学生对主人公性格的多样性印象更深刻。

过渡语：写父亲的文章很多，成为经典的并不多，我们已经学过一篇。

生:朱自清的《背影》。

师:与朱自清的《背影》相比较,本文的写作特点有哪些呢?

PPT 出示:朱自清,特写镜头,摄"背影";

精选材料,表爱心。

李森祥,运用细节,画"父亲";

匠心独运,显性格。

【设计意图】通过对对子的设计,巧妙地将两篇写父亲的经典文本进行对照,温故而知新,突出本文的写作特点。上联老师出,下联学生对。用富有民族文化特色的语言形式,既培养学生的概括思维能力,又加强了本课重点难点的理解,也为下一步布置作业作铺垫。

【布置作业】运用细节描写,围绕一中心,刻画自己父亲或母亲的特点。(150 字左右)

【设计意图】作业布置是一门艺术,根据本课的核心教学目标,进行读写结合训练,促使学生学以致用,由模仿到创造,在实践中学会运用语言,在运用中习得示范文本的精妙写法,促进学生写作思维之花的盛开。

【专家点评】

问题群推进教学　思维链贯穿全课

点评专家:魏本亚系江苏师范大学课程教学法教授、硕士生导师,江苏省人民教育家培养工程导师。

细读《台阶》课堂实录及设计意图,获益颇多,尤其是对问题群的思考和对学生思维的高度关注印象尤深。

问题与思维的关系密切。问题是思维的核心,教学中"提出问题——分析问题——解决问题"的过程是培养学生思维能力的必由之路。目前,关于语文课堂中问题教学的研究集中在问题的分类以及单个问题的设计策略方面,将问题按照一定的关系组建成问题群的教学不多见。所谓问题群,就是针对某一教学主题,从不同角度设计并列或递进的多个问题,或是在某一教学过程中设计一系列问题。它是根据每一堂课的教学目标、教学内容和教学重点、难点,拟订有内在关联、逻辑性强的一系列问题,并将为何设置这样的疑问、如何寻求解决问题的方法等贯穿课堂教学的始终，清晰地展示了“置疑——质疑——探究——释疑——反思——应用”的教学过程。

陈老师这堂课设计的问题群符合以上要求，并具有两个特征。一是整堂课的四个思考性问题构成逻辑关系紧密的问题群，并由此组成了全课的四个活动板块，推动了课堂活动流程，促进学生阅读思维、表达思维的不断提升：问题1与问题2之间是并列关系，培养了学生思维的广阔性；问题3与问题4之间是递进关系，培养了学生思维的深刻性。

二是学生在回答某一问题时，教师适时的追问、存疑以及同学的补问与某一主问题也构成问题群。在“思考1：用一句话概括故事大意，梳理故事情节”这个教学环节中，陈老师对学生回答时的错误进行追问和纠偏的几个教学细节与主问题“思考1”构成局部问题群；在“思考2：父亲是个怎样的人？”这个教学环节中，陈老师针对学生的回答进行存疑，使得教学流程激起智慧的浪花，显得起伏有致，在“思考4”这个环节中水到渠成地得到解决，很能体现教者的教学智慧。

整堂课各个教学环节都紧扣“思维”这一核心进行精妙设计（包括四大教学板块以及板书设计、写作特点归纳和作业布置等环节），详见实录中各部分的“设计意图”。教师的教学思路与学生的理解思路圆融协进，课堂实践中教学流程与学生思维流程和谐共振，适切、有效的问题情境的创设，明晰了学生思维的流向，拓宽了学生思维的流域，加快了学生思维的流速，学生的思维之花盛开在富有语文味的课堂活动各环节中，学生的思维之果收获在对预设问题和生成问题的思考、讨论和表达之中。

总之，《台阶》的教学设计和课堂实践真正达到“问题群推进教学，思维链贯穿全课”的效果。

【我听我说】

培养和挖掘学生的思维能力是课堂教学的核心追求，而学生的思维发展又是从问题开始的。教学中“提出问题——分析问题——解决问题”的过程是培养学生思维能力的必由之路。目前，关于语文课堂中问题教学的研究主要集中在问题的分类以及单个问题的设计策略方面，将问题组建成问题群的教学形式还不多见。

一、何谓问题群

所谓问题群，就是针对某一教学主题，从不同角度设计并列或递进的多个问题，或者在某一教学过程中设计一系列问题。它是根据每堂课的教学目标、教学内容和教学重难点，拟订有内在关联、逻辑性强的一系列问题，并将为何设计这样的疑问、如何寻求解决问题的方法等贯穿课堂教学的始终，清晰地展示"置疑——质疑——探究——释疑——反思——应用"的教学过程。

例如在教授九年级下册《台阶》一课时，教者设计了这样一个问题群：思考1：用一句话概括故事大意，梳理故事情节；思考2：父亲是个怎样的人；思考3：作者围绕台阶的"变"，运用了哪些细节描写表现父亲的"变"；思考4：为什么台阶造好了，父亲反而不自在呢？探究父亲变化的原因。这组问题由浅入深，由整体感知故事情节到分析人物，再到揣摩细节，最终到关于人性和社会的思考，逐层深入。课堂实践证明，这样的问题群可以使教师的教学思路与学生的理解思路融合共进，可以使教师的教学流程与学生的思维流程和谐共鸣，从而有利于学生思维方向的明晰和学生思维流域的拓宽。

二、问题群的特征

1.逻辑性

上述问题群中，问题1与问题2之间是并列关系，意在培养学生思维的广阔性；问题3与问题4是递进关系，意在培养学生思维的深刻性。由这四个逻辑关系密切的思考性问题构成的问题群，组成全课的四个活动板块，可以有效推动课堂活动的流程，促进学生阅读思维和表达思维的不断提升。

2.拓展性

学生在回答某一问题时教师适时的追问、存疑以及同学的补问与某一主问题也可以构成问题群。例如在"思考1：用一句话概括故事大意，梳理故事情节"这个教学环节中，学生在有限的时间内要阅读三千多字的小说，并概括成一句话，确实有难度。有的学生概括为"父亲造新屋"，教者纠问"造新屋，文中只写了一小段。再思考，怎样概括更好？"，并提醒学生从篇幅详略上关注主要事件是造新台阶而非新屋；有的学生概括为"父亲造新台阶"，教者追问"如果要概括得更准确些，怎样加上一些修饰性词语，使得表达更明白。例如，父亲(……)造(……)台阶”。这时，学生很快实现自我完善，回答“父亲用大半辈子的时间建造一栋有九级高台阶的新屋”。在这一板块中，教者对学生回答时的错误进行追问和纠偏的几个教学细节与主问题“思考1”构成局部问题群，可以说是对主问题群的拓展和深入。

三、问题群与学生思维发展的关系

1.有利于学生思维的催化

《台阶》的体裁是小说，人物、环境、情节是小说的三要素。在梳理故事情节时，教者要求学生抓住“建台阶”来分层，设计了这样一个问题群：“如果是我们自己家里建台阶，一般有几个流程?”学生回答“准备建台阶——建设台阶——建成台阶”。教者进一步发问：“文中的父亲建台阶和我们家里建台阶的不同之处在哪里?”学生回答“多一个想建台阶的环节”。教者继续追问“父亲为什么想建台阶呢？从文中的什么地方可以看出呢?”学生回答“父亲觉得我们家的台阶低”。教者又问：“文中说‘父亲觉得我们家的台阶低’有没有其他寓意?”教者的层层发问，构成一个问题群。这个问题群教会学生紧扣文题“台阶”这一关键词，让学生有“法”可依，催化了学生思维的流畅，学生思维火花迸发，情节梳理水到渠成。

2.有利于学生思维的深化

在品读细节描写时，教者采用圈点批注的方法，让学生找出能体现思考2“父亲是一个怎样的人”的文句。学生通过自主讨论和教师启发，总结出父亲身上的很多优点，勤俭、憨厚、质朴、坚韧、爱家、有责任心、对目标有执着追求等。在这个基础上，教者继续设计问题群：“他为什么要花大半辈子的时间，自己吃了许多苦建造九级台阶呢？说明父亲也是一个怎样的人呢?”在教师的点拨下，学生积极讨论后豁然开朗。原来台阶也代表着社会地位，说明父亲是一个渴望被人尊重的人，甚至还有一些虚荣心。这个问题群，深化了学生思维，教会学生在品读细节中把握人物的思想情感。

针对思考4教者又设计了一个问题群：“1.父亲坐在高高的九级台阶上，他希望邻居问什么？2.如果邻居这样问，父亲会怎样回答？3.台阶已经翻了两倍，为什么还说不高?”这个问题群有利于学生对文本的深入解读，对人物心理的深入剖析，还渗透了文化学、民俗学等学科内容，体现了大语文观，使得学生真正学有所得，更理解了“目标制订”对人生的重要意义，加深了学生的思维力度。

3. 有利于学生思维的活化

在文本解读结束后，教者采用台阶式板书与文题相应，并设计问题：“本文的‘台阶’有几种含义?”学生总结“有物质上和精神上的台阶两种含义”。学生对主人公性格的理解更深刻、更立体、更多样。教者继续提问：“写父亲的文章很多，成为经典的并不多，我们已经学过一篇。”学生回答“朱自清的《背影》。”“与朱自清的《背影》相比，本文的写作特点有哪些呢?”并出示上联“朱自清，特写镜头，摄‘背影’；精选材料，表爱心。”学生集体智慧对出下联：“李森祥，运用细节，画‘父亲’；匠心独运，显性格。”布置作业“运用细节描写，围绕一中心，刻画自己父亲或母亲的特点”。这个问题群既培养了学生的概括思维能力，又加强了本课重难点的理解。根据本课的核心教学目标，进行了读写结合训练，促使学生学以致用，由模仿到创造，不仅在实践中学会了语言的运用，习得了示范文本的精妙写法，更有效地活化了学生的思维，促进了学生写作思维之花的盛开。

随着课堂教学改革的不断深入和发展，语文教学越来越重视对学生良好思维品质、思维方法、思维能力的训练和培养，问题群的设计与运用必将更好地发挥它的作用。

（南通市第一初级中学　张建梅）

第二节　散文的问题群教学设计：以《老王》为例

学习目标：

1. 品读文中有感染力的细节，把握人物思想感情。

2. 探究作者所说的“愧怍”隐藏的深刻含义。

学习难点：

引导学生关注时代洪流下社会底层人物的个人操守、道德准则。理解作者简约、清淡语言下的对人的尊严的密切关注和寄托的深厚的情感。

一、导入新课，简介作者

杨绛，现代著名翻译家、散文家。代表作有《洗澡》《干校六记》《我们仨》。她的文学作品善于抓住细节，语言简洁、质朴。

师：作者是怀着怎样的情感来写这篇文章的？

生：愧怍的情感。

（生上黑板写“愧怍”。）

师：要注意这两个字的写法，是什么偏旁？

生：竖心旁。

师：竖心旁表示什么？

生：竖心旁表示人物心理活动。

师：“愧怍”的含义是什么？

生：羞愧、惭愧。

【设计意图】识字教学，根据汉字的特点讲析：竖心旁，表示人物的心理。这样容易记住，学生写的时候，不容易错，而且与课堂教学的重点（抓住主问题句）相切合，做到在解词中体会作者情感，理解文意。

二、抓住细节，品读人物

师：同学们，找出文本中抒情性最强的句子。

【设计意图】用这样一个主问题来切入本课的教学，目的是让学生初步理解作者对老王的感情。学生在初步阅读的前提下，很容易找到文章的主旨句“我渐渐明白：那是一个幸运的人对不幸者的愧怍”，初步知道“幸运的人”指作者，“不幸的人”指老王，为下面以主旨句为教学主问题服务，激起学生思维的涟漪。

【教学片段1】

师：初读文本，你感觉到老王的生活境遇如何？

生：悲苦。

生：凄惨。

师：可以用一个“苦”字概括老王的生活境遇，请大家从文中找出表现老王“苦”的词句，并作分析。

生：“有个哥哥，死了，有两个侄儿，没出息，此外就没有什么亲人了”，这几句话中看出老王生活的孤苦，亲人不多。

师：你分析得有道理。很巧的是，人教版和苏教版上的这几句话不一样。请看屏幕。读一读，思考哪一句更能表现出老王的孤苦无依。

“有个哥哥，死了，有两个侄儿，没出息，此外就没有什么亲人了”；

“有个哥哥死了，有两个侄儿没出息，此外就没有什么亲人了”。

生：第一句更好。因为上面几句更能看出老王的孤苦。

师：从哪里可以看出？你比较一下，这两种版本上的句子有什么不一样？

生：标点不同。

师：标点不同，表达的含义有什么不同呢？

生：他“有个哥哥”，但是“死了”；他“有两个侄儿”，但是“没出息”。

师：前后分句之间是转折关系，强调了后者，突出了他生活的孤苦无依和酸楚无奈。你们再读一读。

（生读。）

师：标点是会说话的文字。这里的逗号会说话。有无逗号，句子的含义大不一样。有逗号的句子，读起来要注意停顿；要读出前后句的转折关系，强调后者，凸显老王的孤苦无依。大家带着情感读一读。

【设计意图】让学生找出这两个句子的不同之处，找出差异只是教学环节的第一步，辨别优劣才是引导学生学习的关键。通过辨别，明确加不加逗号，其表达效果的不同：有逗号，更突出强调“死了”“没出息”，进而引导学生体会老王生活的孤苦无依和酸楚。

【教学片段 2】

师：还有哪些地方看出老王生活之苦的？

生：他靠着活命的只是一辆破旧的三轮车。从“破旧”中可以看出老王的生活之苦。从“活命”一词中，看出老王生活的悲惨。

师：你说得很好。其中有一个表示强调的词语是什么？

生：“只是”。

师：你具体分析一下这个词的妙用。

生：“只是”强调了他生活的唯一来源是“破旧”的三轮车。

师：说得很到位。三轮车是老王“活命”的唯一工具，用它载客是他维持生计的唯一途径，别无经济收入。

生：老王只有一只眼，另一只是“田螺眼”，瞎的。

师：同学们，老王身患残疾，又无人同情；不仅无人同情，还备受精神上的欺凌，这种命运就叫什么？

生：悲苦。

师：文本中还有几个类似的词语，请看屏幕。

PPT 出示：1. 他靠着活命的只是一辆破旧的三轮车；2. 他只有一只眼；3. 老王只好把他那辆三轮改成运货的平板三轮；4. 以后只好托他同院的老李来代他传话了；5. 他只说：“我不吃。”

生：第 4 句，老王已经病入膏肓，连到我家的力气都没有了。生活非常艰辛、困苦。

生：第 3 句，老王在“文革”中，靠着三轮活命，处境很艰难。先是没加入组织；后来……

师：后来，因为一只眼睛瞎的，生意不好。

生：现在，形势不允许他拉三轮。老王只好把他那辆三轮改成运货的平板三轮。

师：你说得真好。同学们，中国汉字常用字有五六千个，康熙字典上收录的汉字较全，有 6 万多个。但是老师觉得最让老王感觉走投无路的，最让老王感觉辛酸苍凉的就是这个“只好”，因为，那就是别无选择，那就是上天无路、入地无门呀！让我们一起用缓慢的语速，读出沉痛的情感，突出老王的无奈。

（生读。）

师：这里语言的运用，让我们体会到作者的语言风格：语言质朴，言简义丰；体会文章的意蕴和作者丰富的情感：文字表面，波澜不惊；文字深层，惊涛骇浪。

【设计意图】正如叶圣陶先生所说：“文艺鉴赏还得从透彻地了解语言文字入手，这件事看起来似乎浅近，但确是最基本的。”咬文嚼字，培养、训练学生良好的语感，是语文教学的重要任务。这节课在咬文嚼字上下了很大一番功夫。语文教学不是浮于文字的语言游戏，在老师的指导下，学生不再只去理解语言的表层意义，而是潜入作者那看似平淡和不经意的语言中去咀嚼、推敲、斟酌，去寻找情感的依据，入乎其内，与作者、作品产生共鸣。老师让学生找出文中多次出现的一个字“只”，然后用大屏幕显示本课中所有含有“只”字的句子，并让学生反复朗读这些句子，从相同的词语中体会老王别无选择，上天无路、入地无门的辛酸、悲苦状态。

师：还有哪些地方表现老王生活的悲苦？

生：（男）16 小节，“他一手拿着布，一手攥着钱，滞笨地转过身子。”他“攥着钱”这个细节，说明了钱对他来说十分重要，写出了他家庭非常贫困。

师：作者给他钱时，他是想要什么？

生：他不想要，但是这些钱对他十分需要。

生：（女）我与他的想法不太一样。老王这个时候意识到所剩日子不多了，他来这里只是为了向作者表达感谢之情。但是无奈，作者对他的行为用钱来回报，这是作者误解了他的意思，他“攥着钱”表示的是一种被误解、一种无奈和难过，而不是对钱的一种渴望。

师：你们两人的观点不一样，等分析文章后，自然会理解了，你是赞成男生，还是更赞成女生。

【小结】主人公老王的“苦”首先表现在“三独”“三破”上。

PPT 出示：三独：独干，无依无靠，失群落伍；
独眼，眼浊不清，身残客少；
独居，荒僻塌败，孤独栖身。
三破：破旧三轮，维持生计；（生计、地位）
残破身体，痛苦生活；（身体条件）
破落小屋，苦度光阴。（居住环境）

师：老王不仅在物质生活上困苦、痛苦。还有哪方面的苦？

生：还有精神方面的苦。

师：哪些语句可以看出？

生：“有人说，这老光棍大约年轻时不老实，害了什么恶病，瞎掉了一只眼。”（第 3 小节）

生：因为眼瞎，有人嘲笑他年轻时不老实，才害了什么恶病，在心灵上打击他、摧残他。

师：这是别人对老王的一种评价，是一种嘲讽，是一种恶语伤人，使老王蒙受精神上的痛苦。

【设计意图】这个环节的设计，一是培养学生提取、概括材料的能力，二是让学生在概括中明白老王生活在社会底层、挣扎在生死边缘，却那么真诚地关心和帮助杨绛一家，衬托出老王的可贵。

师：老王这样苦，他对待杨绛家如何呢？

请同学们思考杨绛在文中主要回忆了与老王交往的哪三件事？有详有略的记叙表现了老王的什么精神品质？

生：第一件事：老王给我家送冰，是略写。第二件事：送钱先生看病，也是略写。第三件事：送香油鸡蛋，这是详细描写，在8～16节。

师：通过这三件事，表现出老王的什么品格？

生：对杨绛一家好。

生：老王人很善良。

师：对，这“三送”折射出老王善良的人性之光。尤其是送香油鸡蛋，那是老王在生命垂危之际送出的最后礼物，展现出老王的善良。

师：写“三送”的事例中，都谈到“钱”这个字。

PPT出示：三次谈钱：

1. 愿意给我们家带送，车费减半。（5节）

2. 他说：“我送钱先生看病，不要钱。”（6节）

3. 他赶忙止住我说：“我不是要钱。”（13节）

师：从三句话中可以看出，老王不要钱（或不是要钱）。老王家是不是非常富裕，他不需要钱。

生：他生活很痛苦，很贫困，没有钱。

师：那他为什么不要钱，他到底想要什么？

【设计意图】设置悬念是文章的高妙写法，教学时，也要设疑、存疑。没有到火候，学生难以理解，所以暂时存疑。这样可以激起学生阅读的兴趣，增强思维的欲望，形成“愤”“悱”的状态，推进课堂教学。

师：老王的苦衬托出他的善。老王生活在社会底层、挣扎在生死边缘，却那样真诚地关心和帮助杨绛一家，更衬托出老王的善良可贵。

老王生活困苦、悲苦，但他对待杨绛一家很善良、很真诚。杨绛对他如何呢？从文本中找答案。

【教学片段3】

生："我常坐老王的车，……"，"常"表现了杨绛照顾老王的生意。

师：很好。杨绛的文章语言就是"言简而义丰"，看似平常、简单的词语，表现出浓浓的深情。

生：她女儿送鱼肝油给老王，表明她的善良。

师：杨绛的女儿——钱媛和他父母一样，非常善良。

生："后来我坐着老王的车和他闲聊的时候，问起那里是不是他的家。"（第4小节）

生："他蹬，我坐，一路上我们说着闲话。"（第1小节）

师：生活中，什么人之间才"闲聊"、说"闲话"？

生：十分熟悉的人之间，挚友之间。

生：家人之间。

师：可见，杨绛是非常关心老王的生活、生计问题。这些语句，充分体现了杨绛对老王的同情、善良。

同学们，这篇文章写作于1984年，所记叙的事情发生在"文化大革命"中，当时的杨绛出境如何？请看屏幕。

【背景资料链接】

PPT出示："文革"期间，杨绛和丈夫钱钟书遭受批斗和下放劳动。每天上班，他们都要在胸前挂一个牌子"资产阶级学术权威"，其间还要经常承受"革命小将们"的拳脚相加。后来，女婿含冤自杀，杨绛的胞妹杨必也莫名其妙地死于家中。

师：杨绛、钱钟书是我国著名的学者，在"黑白颠倒，人妖不分"的"文化大革命"中，他们的头衔不是"学术权威"而是"资产阶级学术权威"；他们应该搞专门学问研究，但是杨绛是"专门扫厕所"，这是对学术的极大玷污。

从这个背景资料中，我们可以看出杨绛是个遭受精神折磨的人。杨绛的苦，突出衬托了她的善。作者杨绛在精神上的不幸在某种程度上比老王的不幸更加深重。她和老王各有自己的不幸，他们之间的善良是不幸者对不幸者的善良，是苦难者对苦难者的善良。

【设计意图】这篇文章里，善良的人不只是老王，还有作者。因此，解读作者的情感更是对这篇文章主题的探究。学生通过文本研读，可以感知杨绛一家对老王不仅有物质上的帮助，还有精神上的安慰。然后，通过了解有关作者的情况，出示杨绛“文革”中受批斗的资料，引导学生明白作者的精神上的不幸在某种程度上比老王的不幸更加深重。他们是弱者对弱者的善良，是苦难者对苦难者的善良。

师：杨绛作为一名高级知识分子，在“文革”中遭受磨难，精神上在某种程度上比老王还不幸。在困境中，她还在关心着老王，在物质上对待老王很好、很善良，那她为什么还会“愧怍”呢？

请将杨绛与老王对比，她所认为自己的“幸”体现在哪里？

生：她想，自己家的处境比老王好，比他幸运。

生：因为她毕竟有女儿、有丈夫，还有一个完整的家。身体还好，经济来源较为稳定。

师：仅仅是这个原因使她感到愧怍吗？还有其他原因吗？请看屏幕。

【教学片段 4】

PPT 出示：过了十多天，我碰见老王同院的老李。我（　）问：“老王怎么了？好些没有？”

“早埋了。”

“呀，他什么时候……”

“什么时候死的？就是到您那儿的第二天。”（以上为原文）

师：请结合语境，揣摩人物心理，补上合理的神态、动作、心理等描写。

生 1：添上“非常关心”“十分焦急”。

师：过了十多天，还是非常关心地问吗？

生：我认为是“急切地问”。

师：为什么急切呢？

生：她多时没见到老王了，急于想知道他的身体状况。

生：我填“满怀希望地问”。因为前文老王到杨绛家来的情形告诉我们：老王身体状况非常不好，即将死去，所以，杨绛希望他身体好起来。

师：你很仔细，分析得有道理。屏幕上有这样几种答案，你认为最合适的是哪一个，说明理由。

PPT 出示：1.“非常关心”；2.“十分愧疚”；3.“随口一问”；4.“担心地问”。

生：我认为是“十分愧疚地问”。

师：从哪里看出？选择恰当的词语填空，要根据上下文具体语境来判断。

生：“随口一问”“顺便问”。

师：显得漠不关心，有寒暄、招呼之意。

生：“担心地问”。

师：这说明，杨绛一直关心着老王。但还不是“非常关心”或“十分愧疚”。老师比较赞同后者“担心地问”。

【设计意图】留白本是绘画技艺的一种，指书画艺术创作中为使整个作品画面、章法更为协调精美而有意留下相应的空白，让观者有想象的空间。文学作品中的留白给予读者更多的思考空间。教师教学时将留白处补充出来，是学生感知、体验作者情感的最好体现，是学生深入了解文章的重要呈现，是细读文本的好办法。填补空白，揣摩作者对老王的隔膜，帮助学生展开想象的翅膀，培养学生发散思维能力，培养思维的深刻性。

【教学片段 5】

师：再结合下面的省略号，我们来理解作者杨绛内心复杂的情感变化。

师：我们还看这几句话。其中有个省略号，具体省掉了什么内容？

过了十多天，我碰见老王同院的老李。我问：“老王怎么了？好些没有？”

“早埋了。”

“呀，他什么时候……”

“什么时候死的？就是到您那儿的第二天。”

师：“呀，他什么时候……”这个省略号省略的内容大家能补充出来吗？

生：可以补充为“死了或去世”。

“呀，他什么时候死的？”“呀，他什么时候去世的？”

师：这么简单的留白，作家杨绛为什么不写出来？

生：作者不愿写，自己感到内心愧怍。

生：作者想起老王对自己的好，而自己并没有像亲人一样对待老王，心怀愧疚，而现在老王死了，更觉得心里不安。不愿提起“死”字，所以省略。

……

师：我们想一想，老王最后一次来送香油和鸡蛋，杨绛硬给他钱。老王说，他不是要钱。他最想要的是什么？

是的，老王在世的时候，作者未能给老王真正的平等和尊重。作者对此深感愧疚，其实也是一种反省，对自己，对知识分子的深刻反省。正如书上所写：“几年过去了，我渐渐明白：那是一个幸运的人对一个不幸者的愧怍。”

【设计意图】未尽话语也叫“半截话”，是指说话者由于某种原因，在不能完整地表达一句话的情况下，用省略号或破折号的方式将话停止。这句中省略号省略了什么内容？请你揣摩杨绛当时的心理，代杨绛说几句话。这是运用添补法进行体验阅读。通过启发学生补写省略部分，让学生领略到作家的写作意图：老王去世后，作者总感到愧疚，总感觉在老王生前对他关爱不够。时隔好多年，作者每每想起，还是感觉有愧于老王，于是便有了这样一句文眼：几年过去了，我渐渐明白：那是一个幸运的人对一个不幸者的愧怍。

【教学片段6】

PPT出示：我谢了他的好香油，谢了他的大鸡蛋，然后转身进屋去。他赶忙止住我说：“我不是要钱。”

师：老王到底想要什么？生活中，钱是很重要的。我们看看老王怎么看待钱的。

生：（男）……杨绛予以还礼，客观上对老王帮助，情感上对他伤害。

师：他们之间的距离是一个不可逾越的鸿沟。

生：老王最想要的恐怕是杨绛夫妇把他当作一个亲近的朋友，而不是一个可怜的、同情的对象。

生：老王需要的是亲情，需要的是温暖，需要的是关怀，而不是简单的同情、浅层的怜悯，更不是用金钱可以交换的“买卖”。

师：对。你阐述得很到位，分析得很好、很有道理。人最根本的需要是尊重的需要，马斯洛的需要层次理论告诉我们，尊重给人的作用太大了。对老王而言，平等、尊重是极其重要的满足。老王生活困苦，但是对杨绛家的帮助是真心的，全力以赴的，是不要钱的。他为什么这样？是因为他把杨绛的家人当作自己的亲人。但是杨绛没有能明白老王的这一需要、这一需求，他们同情老王且不求回报，但确实忽视了老王的心理状态。（解决了愧怍的根源）

【设计意图】探讨语言“我不是要钱”，老王究竟要什么？请你代老王向杨绛先生作表白。这是运用还原法，通过想象体验来理解课文内容。学生认为，老王此时需要的是亲情关怀，但杨绛忽视了。这个环节设计的目的是更加深入地引导学生理解老王的善良和走进作者的心灵。

师：同学们，通过阅读、讨论，到这里，我们基本理解了作者愧怍的原因，主要有以下方面。

愧疚一：作者没有把他当作平等的朋友对待，连“请他进屋坐坐，喝口水”都没有做到。

愧怍二：杨绛觉得自己对老王的关注太少，连他去世都不知道，所以感到愧怍。

愧疚三：在老王给杨绛送香油和鸡蛋时，她没有理解老王的心意和心理需要。想到这些，感到十分后悔。

愧怍四：也为自己这么多年以后才渐渐明白感到愧怍。

愧怍五：从出身、学识、爱情、家庭等方面比较，杨绛比老王幸运，杨绛觉得自己对老王的怜悯是基于不平等的地位，是知识分子的俯视，所以感到愧怍。

师：作者认为，她所给予老王的只是同情，只是似乎用钱可以对等交换的回赠来回报老王。她愧怍于感情付出的不对等，愧怍于知识分子狭隘的“高贵”，愧怍于迟到的“懂得”。作者回忆起当年的事情，不但“愧怍”，而且写出来让大家看到。这不仅让我们看到杨绛先生人格的高尚，还可以感受到作者对病态社会的反思，对人性善良的肯定与呼唤。

【设计意图】通过讨论，让学生理解杨绛的幸运是相对于老王而言的。通过老师的点拨，引导学生认识杨绛对待生活的从容、对待苦难的豁达。然后引导学生进一步理解“愧怍”这个词的含义，进而渐渐深入地理解主题，把握作者的写作意图。

师：我们先前留下的疑问。你们是赞同男生的，还是赞同女生？

生：赞同女生。

师：请这位女生表明你的观点。

生：老王最后一次拜访作者时，不是希望用自己的香油和鸡蛋换来物质上的回报，而是希望作者能把自己当作亲人一般关怀自己、呵护自己，给予自己亲情和温暖。

【课堂总结：填对联，明主旨】

仰不（　）于天，俯不（　）于人。

生：仰不愧于天，俯不怍于人。

师：填得很好。同学们，你们知道“愧怍”一词的出处吗？“仰不愧于天，俯不怍于人”出自《孟子·尽心上》。这句话的意思是：仰起头看看，对天无愧；低下头去想想，对人无愧。的确如此，做人就要问心无愧、知道愧怍，从孟子到杨绛，这是我们中华民族一脉相传的民族品格、永远的道德根基：与人为善，和睦相处；做人做事，问心无愧。

【设计意图】通过对联的形式回扣全文，照应开头的主问题，使学生对“愧怍”的认识不断深化，进一步理解作者写作的意图。

布置作业，拓展延伸

推荐阅读：《洗澡》《我们仨》《干校六记》。

【我听我说】

众所周知，散文的主要特点是“形散神不散”，“形散”主要表现在时间跨度大、空间转换广、事件牵涉多、表达方式活。如何在有限的课堂教学中抓住文章精髓，做到“散文整教”，是一直以来困扰着语文教师的一大难题，陈老师的问题群设计很好地解决了这一难题。

所谓的“问题群”，就是针对某一教学主题，从不同角度设计并列或递进的多个问题，或是在某一教学过程中设计一系列问题。《老王》这堂课的问题群大致是这样构成的：

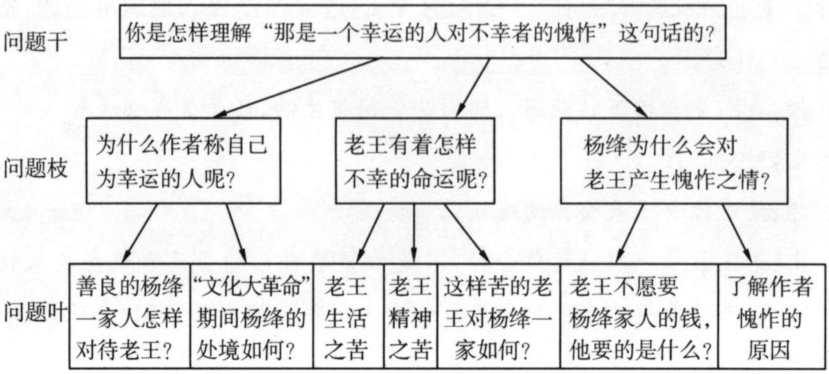

问题干
你是怎样理解“那是一个幸运的人对不幸者的愧怍”这句话的？
问题枝
为什么作者称自己为幸运的人呢？
老王有着怎样不幸的命运呢？
杨绛为什么会对老王产生愧怍之情？
问题叶
善良的杨绛一家人怎样对待老王？
“文化大革命”期间杨绛的处境如何？
老王生活之苦
老王精神之苦
这样苦的老王对杨绛一家如何？
老王不愿要杨绛家人的钱，他要的是什么？
了解作者愧怍的原因

在这样的问题群的引领之下，学生的思维逐步加深，在没有分散学生对全文主旨感知的前提之下，对全文的情节结构、人物特点及情感表达有了比较深刻的认识。这些有层次、有梯度的问题就像是课堂学习过程中的一个个路标，引领着学生的思维广度逐步扩大，思维程度逐步加深，高效地达成了本课教学的目标。

这节课的第一学习目标是品读文中有感染力的细节，把握人物思想感情。陈老师他的问题群中抓住了以下几个细节，彰显了语文教学的本色真义：

1.在解词中抓住重点

在导入新课的环节，教师首先就带领学生体会全文情感，在找到文中的“愧怍”这一关键词后请学生上黑板书写，同时解词，发现了这两个词的共同偏旁——竖心旁即表示人物的心理。学生在牢牢识记了这个词的同时，也在解词中抓住了本课学习的重点(主问题句)。

2.在比较中加深理解

在分析老王生活之苦的环节中，陈老师适时地抓住了学生找到的一句话，将人教版与苏教版这句话的不同呈现拿出来比较：

“有个哥哥，死了，有两个侄儿，没出息，此外就没有什么亲人了。”

“有个哥哥死了，有两个侄儿没出息，此外就没有什么亲人了。”

学生通过比较发现，这两个句子的不同之处就是逗号的使用，第一句更好地强调出老王的孤苦无依和酸楚无奈。找出差异并辨别优劣，在比较中加深了对文本的理解。

3. 在用词上感受深意

同样是在分析老王生活之苦的环节，陈老师还对学生们在文章中筛选的语句进行了用词的重点分析，发现在许多句子中共同出现的“只”“只是”“只有”“只好”这类词，带领学生感受老王走投无路，心酸无奈，感受到了表面波澜不惊的文字深层的惊涛骇浪。

4. 在留白处想象体味

课文中的留白是指课文中某些内容概括写或有意不写，留给读者联想、想象或再创造的空间，陈老师在课堂教学中挖掘出几个留白，寻找到了听、说、读、写训练的最佳契合点，对此进行了扎实、有效地训练。如教学片段5中人物的一段对话：

我问：“老王怎么了，好些没有？”

“早埋了。”

“呀，他什么时候……”

这里的省略号省去了什么，为什么不写出来？这个留白给予了学生思考的空间，陈老师根据情境，帮助学生展开想象，对文本作了最佳解读，也是对文本情感的最好把握。

总体看来，这节课的教学设计，紧扣散文的特点，“问题群”的设计整而有序，又很好地体现了语文这个学科工具性与人文性的统一，是一堂具有指导意义的好课。

（南通市第一初级中学　张　丽）

第三节　诗歌的问题群教学设计：以《木兰诗》为例

教学目标：

1. 反复诵读，感受诗歌的语言特点，并背诵全诗。

2. 复述故事，并领会其情节曲折、富于戏剧性、充满传奇色彩的特点。

3.人物赏析，体会木兰代父从军、保家卫国的爱国主义精神。

教学重点、难点：

1.赏析木兰这一古代巾帼英雄形象，并领会课文所表现的思想感情。

2.重要文言词语的积累。

一、导入新课

PPT出示：精读论语，为国荐才，竞赞宋相真性情；

女扮男装，替父从军，谁说女子不如男。

师：大家知道，下联中这个人物来自于我国南北朝时期北朝的一首民歌《木兰诗》中木兰的形象。今天，我们就一同走进这首诗歌。

二、阅读品析

师：诗歌的学习需要朗读，这是一首民歌，读来朗朗上口，请大家在预习的基础上再次自由地放声朗读，尽可能读通、读顺。读完之后，请一位同学告诉我们这首诗讲了一个什么故事。

生答。PPT出示：替父从军——征战沙场——载誉归来

【教学片段1】——探究愿之因

师：看来木兰的一生是起伏多变的，诗歌中哪一句写到了木兰迈出人生转折的第一步呢？【思考1】

生：愿为市鞍马，从此替爷征。

师：请一位女生来读这一段。

生读。

生点评：她读得很流利，也很轻松。

师：请问大家，木兰在做出这个决定时是不是也很轻松呢？

生：不是。

师：那她是在一种怎样的情况之下做出决定的呢？请大家品读诗歌相关的词语，能否用一个词概括出木兰做决定时的境遇。【思考2】

生：木兰身处一种纠结、矛盾、忧愁的境况之中：父亲年迈——战事紧张。

生：阿爷无大儿，自己为女儿身。

师：木兰有没有逃避？

生：没有。

师：所以，她为了家人，为了战火不再蔓延的心愿，迈出了人生勇敢的一步。如果我们用朗读的方式再现木兰的这种由忧愁到坚决的心理变化，大家觉得前后应该用什么样的语调来读呢？

生：用缓慢、低沉的语气、语速表现忧愁。

生：用慷慨、有力的语气表示坚决。

师：既然是变化，中间还应该有一处停顿。

生齐读。

师：老师想再请刚刚那位女同学，你能不能通过自己的朗读表现木兰前后心理的变化。

【教学片段2】——探寻愿之行

师：在你的朗读声中，木兰走向了未知的沙场，替父从军，这对于木兰来说是不是一件轻易就能完成的事情呢？

生：不是。

师：那前面等待她的将会有怎样的困难呢？【思考3】

生：东市买骏马，西市买鞍鞯，南市买辔头，北市买长鞭。

生：打仗什么都要自己准备。这对于一个女子来说真的不容易。

生：旦辞爷娘去，暮宿黄河边，不闻爷娘唤女声，但闻燕山胡骑鸣啾啾。

师：爷娘唤女声，木兰在家时常会听到，当她暮宿黄河边、燕山脚下的时候，除了想到爷娘唤女声，还会想到家乡的什么呢？

生：自己的姐姐、弟弟，家乡的伙伴。

生：还有织布机，机杼声，门口的柳树……

师：听不到这温暖的声音，触摸不到这熟悉的生活画面，这对一个女子来说要饱尝多少的思念之苦啊！

我们能通过朗读的方式来表现木兰的思念之苦吗？诗歌中两句“不闻……，但闻……”大家觉得应该用什么语调来读呢？

生：哀婉低沉。

生：语速缓慢。

师：先请女生来读第一句，男生再来读第二句。

生读。

师：奔赴战场的路途之远、路途之艰、环境恶劣。这对一个女子来说又是多么的艰难！

生：一个女子生活在男人的军营里是多么不方便啊！真是难为她了。

师：面对这些困难，面对战争的残酷，木兰有没有退缩？她是如何表现的呢？【思考 4】

【小组合作，共同研究】

生：东市买骏马，西市买鞍鞯，南市买辔头，北市买长鞭。积极备战。

生：旦辞……暮至。虽然思念家人但毅然决然地前行。【板书：坚韧】

生：飞、战功、女子的身份没有被发现。【板书：机智】

师：现在老师想请大家再次通过朗读来体会这两节文字。第三节文字情感变化比较明显，大家觉得应该怎么读呢？

生：快速有力、哀婉低沉、语速缓慢。

师：注意句与句之间的停顿。大家先自由地读一读吧！再请全体女生来读一读！

生读。

师点评：大家的领悟能力很强，真是巾帼不让须眉！

师：第四节是描写战争的激烈、木兰的勇敢，该如何读？

生：读出一种气势、读出一种力量。

男生读。

师：男生早就憋足了劲，也很出色！

师：从大家的朗读声中，我们感受到了木兰发出一个心愿、作出一个决定很难，完成这个保家卫国的心愿更难，但她战胜了这一切，做出了同男子一样甚至是超越男子的功勋，作为一个英雄归来了！

师：此时的木兰最大的心愿是什么呢？【思考 5】

生：“愿驰千里足，送儿还故乡”。

【教学片段3】——探讨愿之果

师：她的心愿实现了吗？

木兰回来了，此时一家人会有着怎样丰富而细腻的心理活动呢？诗歌描写了家人爷娘、阿姊、小弟、木兰自己。现在请大家选一个角色，体会他们的心理活动。

生：爷娘——女儿为了家人出征，多年未见了，我们快点去出城迎接吧！

师点评：爷娘相互搀扶。

（师朗读指导：既高兴，又急切的情形。）

生：阿姊——妹妹回来了，想必还是当时在家的时候见到我的样子，我要梳妆打扮一下，让她见到我最美的一面。

（师朗读指导：既高兴，又期待。）

生：小弟——姐姐要回来了，我要杀猪宰羊，犒劳姐姐，让姐姐看看我的本事。

（师朗读指导：既高兴，又激动。）

生：木兰——我终于回家了，终于回到朝思暮想的少女时代的生活，终于脱掉了战袍，再也不用隐藏自己的身份了，穿上我最喜爱的衣裳了，我要把自己打扮得漂漂亮亮，从今以后快快乐乐地过日子了。

师：木兰不仅是身份的回归，更是心灵的回归，人的身心得到了一种释放，会是一种什么感觉？大家读一读，体会一下。

（师朗读指导：既高兴，又轻快，急切、快速的。）

师点评：大家的朗读又让我们感受到这一家人相聚是多么的快乐与幸福啊！现在我们就不难理解木兰“放弃一切，送儿还故乡”的心愿了。

师：木兰前愿替父出征，后愿还乡。这两种心愿看似不同，却都反映了木兰想追求一种怎样的生活？

生：追求自由、幸福的生活。

生：追求没有战争，朴实、平静的生活。

【教学片段4】——探思愿之意

师：《木兰诗》作为一首北朝广泛传唱的民歌，大家想一想诗歌折射出当时百姓共同的什么愿望呢？【思考6】

师：诗歌的学习要知世论诗。请看屏幕。

PPT 出示：我国的南北朝时期是个非常动乱的时期，朝代更迭频繁，人民的生活饱受战火，苦不堪言，很多百姓被迫从军，死伤无数，家庭破碎。

师：可见当时百姓们的愿望是：社会的安宁。正如《为你打开一扇门》中所说："一部优秀的作品反映了时代的心声。"当时的人们有这样的愿望，我们需不需要呢？这也应该是整个人类的愿望吧！

木兰用自己英勇的表现和本真的追求托起了我们共同的心愿。我想今天我们依然喜欢这首诗歌，就是因为它引起了我们情感上的共鸣。

今天大家对诗歌的理解非常的深刻，对木兰的心路历程把握也非常准确，就请大家再次自由朗读诗歌，也可以选择自己喜欢的段落反复地朗读。

三、课堂总结

今天我们对这首诗歌的学习，由这个"愿"出发，理解了木兰发出愿望时的纠结，为了这个愿望所受的种种艰难，实现这个愿望时的喜悦，懂得了这个愿望的深广的意义。

四、布置作业

背诵全诗。完成同步配套练习。

【《木兰诗》设计意图】

我根据问题连续体理论，进行问题群的设计，以主问题贯穿始终，做了精心设计，尤其注意以下三点：

一是注意以"愿"统领全课，朗读教学贯穿始终。教学设计主要由"愿之因、愿之行、愿之果、愿之意"四大板块构成，"愿"始终贯穿课堂，提纲挈领，达到"教学设计一字贯穿，课堂整体结构紧凑"的效果；对本首诗歌的理解主要是由"愿"字展开，再由"愿"字收拢，不仅在课堂形式上，而且更在文本解读上起到了首尾呼应的功效。朗读教学一以贯之，对重要句段的方法指导准确到位，让学生在语言品味中领悟诗歌意蕴。

二是注意问题群设计自然巧妙，有效促进学生思维能力的发展。全课设计了五个思考题：思考一，木兰在一种怎样的境况之中作出决定？思考二，木兰一旦做出决定，前面等待她的将会有怎样的困难？思考三，面对这些困难，木兰是如何表现的？思考四，木兰回来了，从一家人表现中，我们能感受到她们哪些丰富而细腻的内心活动？思考五，《木兰诗》又折射出当时百姓什么共同的愿望？五个思考题，排列有序，引领学生的思考，有助于学生的阅读，有助于理解诗歌内容，有助于学生小组讨论。

三是根据文本特点进行设计，抓住诗歌特征开展教学。诗歌的跳跃性、模糊性是学生理解诗歌内容的障碍和难点。本节课主要通过画面想象与心理想象两个方面理解人物与诗歌主题，让想象这一学习方式成为整个教学过程的亮点之一，运用这一教学方式对学生诗歌阅读理解起到潜移默化的效果。

第四节　文言文的问题群教学设计：以《湖心亭看雪》为例

教学目标：

1. 熟读课文，理解“绝、强、痴”等字的含义。

2. 赏析雪后奇景，体味白描手法。

3. 解读张岱的精神世界。

教学重点：

1. 赏析雪后奇景，体味白描手法。

2. 结合对背景和作者的了解以及对写景叙事的分析，深入理解蕴含在文字之外的意味。

解读张岱的精神世界。

一、导入新课，了解作者

师：“上有天堂，下有苏杭。”天堂般的杭州，有美丽的西子湖。关于西湖的诗句，同学们已学过不少，还能记住吗？

生："接天莲叶无穷碧，映日荷花别样红。""欲把西湖比西子，淡妆浓抹总相宜。""最爱湖东行不足，绿杨阴里白沙堤。""水光潋滟晴方好，山色空蒙雨亦奇。"……

师：见过西湖的人，很多人为它的美景所陶醉。下面让我们在《雪之梦》的音乐中欣赏一组西湖美景图。

（多媒体出示配乐西湖图景，学生欣赏。）

师：西湖的景真美啊！如果诗人心中有一个春天，他笔下的西湖就春意盎然；诗人心中有一份柔情，他笔下的西湖就温柔缠绵。可是，如果诗人心中寒冰一片，他笔下的西湖会是什么样子呢？让我们和张岱一起去《湖心亭看雪》。

PPT 出示：张岱：明末清初文学家。出身官宦世家，爱繁华，好山水，晓音乐，清兵南下灭亡了明朝，他入山隐居、著书，作品中时时流露出明亡之后怀旧的伤感情绪。著有《陶庵梦忆》《西湖梦寻》等。

二、反复诵读，感知文章

1. 听录音并思考

要知道作者笔下冰雪中的西湖到底怎样，还需要深入理解文本。先听录音，并思考两个问题。

(1)都说这篇短文里有一个地方前后矛盾，你能找出来吗？【问题激趣】

(2)请在文中找出一个最恰当的词来评价张岱。

2. 师生交流，朗读分析

师：都说这篇文章作者犯了一个颇为严重的前后矛盾的错误，是什么？（生惊诧好奇）

生："独往湖心亭看雪"应该是一个人，后文却出现了一个舟子在说话。

生："独往湖心亭看雪"与"舟中人两三粒"相矛盾。

师：同学们眼光很敏锐！名篇名作怎么可以前后矛盾呢？是不是张岱的数学没学好，数不清人数啊，是不是应该和张岱商量让他改一改？

生：我认为先不急，等咱们理解了课文再说，说不定其中另有奥妙呢！【设置悬念】

师：嗯，大家同意吗？（大部分同学表示同意）我们来讨论第二个问题，请同学们在文中找出一个最恰当的词来评价张岱。

生：痴。（学生纷纷表示赞成，师板书：痴）

师："痴"用通俗的话怎么讲啊？

生：傻，笨。

生：呆，行为举止不同常人。

师："痴"说通俗点就是傻，笨；举止异常。"痴"字拆开来，外面是病，里面是知，了解事物到了病的程度，足见其痴迷。张岱就是这样一个与众不同的"呆人"。女生把课文朗读一遍，要读出感情。（全班女生齐读）

三、细读品读，探究课文

【教学片段1】仔仔细细找"痴行"

师：你从哪里看出张岱是一个痴人呢？能用原文中的句子来回答吗？

生：大雪三日，人鸟声俱绝。是日更定，余拏一小舟，拥毳衣炉火，独往湖心亭看雪。

师：冬天看雪有什么难理解的呢？请分析这句。

生：时间"是日更定"大雪后三日晚上八点。

师：天寒地冻时晚上八点，你会做些什么？

生：躺在被窝里看书。

生：缩在被窝里睡懒觉。

生：上网玩游戏聊天。

生：打开空调做作业。

生：一边喝茶一边和家人聊天。

……

师：张岱却选择去湖心亭看雪，你能从他的行为中看出他什么性格吗？

生：痴，有着与众不同情趣的人，是个孤独的人。

师："人鸟声俱绝。"哪个词用得好？

生：绝，消失。

师：此句中的"声"字能否换成"影"字？为什么？

生：不能，从听觉上着眼，写出了大雪后一片静寂，湖山封冻，人鸟都瑟缩着不敢外出，寒噤得不敢出声。

师：你想到了哪首诗？

生："千山鸟飞绝，万径人踪灭。孤舟蓑笠翁，独钓寒江雪。"张岱的这份"独"和柳宗元的这份"独"是否一样？

生：张岱的"独"是独自一人去看雪，柳宗元的"独"是贬官时心情的孤独。

师：张岱说是独往，真的是一人去的吗？有没有同行的人？

生：舟子。

师：这不是自相矛盾了吗？

生：不矛盾。舟子不是看雪人，不能说同往看雪。

生：另外张岱很清高、孤傲，不愿与舟子为伍。芸芸众生不可为伍，舟子虽在却犹如不存。从中我们可以看到张岱文人雅士式的清高孤傲。

【教学片段2】张岱的举动正好反映了他"痴"的一面。可是他"痴"的原因是什么？

生：好山水。（对，作者痴迷于山水。板书：山水）

生：痴迷于西湖。

师：不错，作者痴迷于山水，痴迷于西湖。或许，我们能从《西湖梦寻》中找到答案。

PPT出示："余生不辰，阔别西湖二十八载，然西湖无日不入吾梦中，而西湖实未尝一日别余也。"（《西湖梦寻》自序）

师：作者说他离开西湖28年了，但是西湖每个晚上都走进了他的梦中，可见，他对西湖是日思夜想，魂牵梦萦。

师：还有更重要的原因吗？【存疑】

【教学片段3】字斟句酌品"痴景"

文中写张岱去湖心亭看雪，看到了怎样的雪景呢？请读出文中集中描写雪景的句子。

PPT出示："雾凇沆砀，天与云与山与水，上下一白。湖上影子，惟长堤一痕，湖心亭一点，与余舟一芥，舟中人两三粒而已。"

师：希望能读出雪景的意境。男生读前句，你从中读出了怎样的雪景？

生：我读出苍茫、浩大。

生：我读出迷蒙一片、混茫难辨。

师：你们说读好哪几个词，就能读出这种意境来？

生：读好“上下一白”的“一”。状其混茫难辨，使人唯觉其大。三个“与”也要读得舒缓点。

师：“雾凇沆砀，天与云与山与水，上下一白。”一句中，三个“与”显得拖沓应去掉，你认为呢？

生：不能去掉。“与”字写出天、云、山、水万物融为一体，难以分辨的浩大景象。去掉的话，仿佛物与物之间有了界线似的，分开了，没有那种天地苍茫的意境。

师：女生读后句，你们说说要读出什么意味？

生：轻柔、渺小的味道。

师：尤其是量词要读好。这些量词用得妥当不妥当呢？我们一般会选择怎样的量词来形容这些物呢？

PPT 出示：“湖上影子，惟长堤一痕，湖心亭一点，与余舟一芥，舟中人两三粒而已。”

师：是不是要改成“长堤一条、湖心亭一座、与余舟一艘、舟中人两三个而已”？为什么？

生：不要改。这是更好地表现了朦胧。

生：更好地表现了雾凇沆砀、天地苍茫的意境。

生：写出景物的渺小。

师（追问）：这些景物为什么会显得这么渺小？

生：天地一片苍茫，显得很空旷、浩大。把人、物置于天地之间，人、物、事何其渺小，何其微乎其微。

师：这不禁让我们顿生“寄蜉蝣于天地，渺沧海之一粟”之感。这里是在写景，又不止于写景，我们从这混沌一片的冰雪世界中，不难感受到作者那种人生天地间茫茫如“沧海一粟”的深沉感慨。难怪王国维说，一切景语皆情语。张岱如此痴情于雪景，他应该用很多的语言来表达心中的这种痴情呀，可他偏偏只用了42个字，如果要我们描写一段雪景，你会怎么描写？

生：用上一些比喻和优美的词句。

师：张岱没有用修辞手法，寥寥几笔，不加渲染，勾画景物的写法叫什么手法？

生：白描。

PPT出示：白描是一种描写的方法。它是指抓住事物的特征，以质朴的文字，寥寥几笔就勾勒出事物形象的描写方法。

师：我们以前也学过白描，在哪里学过？

生：马致远《天净沙·秋思》。

师：对，《天净沙·秋思》寥寥几笔，就勾勒出黄昏凄凉的景象。苏轼有诗云："欲把西湖比西子，淡妆浓抹总相宜。"白描其实就是"淡妆"。

PPT出示：张岱用白描的手法，写出了天地的浩大苍茫，人物的渺小轻淡，人似乎完全融入天地之中，真是达到了天人合一的妙境。

师：一切景语皆情语，透过文字勾勒的雪景，你能隐隐约约感到作者具有怎样的品性吗？

生：超凡脱俗、痴迷山水。

……

师：你已经触碰到了张岱的内心。我们看看张岱对自己的叙述，进一步去了解他。

PPT出示：蜀人张岱，陶庵其号也。少为纨绔子弟，极爱繁华，好精舍，好美婢，好鲜衣，好美食，好骏马，好华灯，好烟火，好梨园，好鼓吹，好古董，好花鸟。——《自为墓志铭》

陶庵国破家亡，无所归止，披发入山……夜气方回，因想余生平，繁华靡丽，过眼皆空，五十年来，总成一梦。——《〈陶庵梦忆〉自序》

师：经历国破家亡的重大变故，张岱的心境发生了怎样的变化？

生：不再追求繁华靡丽，因为这一切都是过眼云烟。他不再追求外在物质，转而注重自身的内心世界了，追求与自然的融合了。

师：让我们齐读这两句，感受天地苍茫，感受天人合一。这么情景交融的佳句，我们有什么理由不去背呢？同学们，让我们背起来吧！

【想象文中的奇景】

同学们不妨想象这样的奇景，我叫一个同学朗读白描语句，其他同学闭上眼睛想象，准备好了吗？（一生有感情地读，其他同学闭上眼睛想象）

师：这样的景美不美，美在哪里？

生：一片白茫茫的景象。

生：大雪铺天盖地卷来，有一种意境美。（板书：意境美）

生：我觉得天与云与山与水，全都连成了一片，有一种画面美。（板书：画面美）

生：我觉得还有语言美。“湖上影子，惟长堤一痕，湖心亭一点，与余舟一芥，舟中人两三粒而已。”极有韵味。（板书：语言美）

师：人与自然融为一体，产生了天人合一的境界。（板书：天人合一）写景是为了抒情，在这一刻，张岱有什么情趣？（板书：情趣）

生：清高、高雅。

生：高洁、圣洁。

生：超凡脱俗。

【教学片段4】身临其境议“痴心”

师：超凡脱俗是古往今来文人墨客所追求的最高境界。（板书：超凡脱俗）那么，文中舟子对张岱这样的做法理解吗？

生齐说：不理解。

师：谁来把舟子说的话读一遍？

（一生读：“莫说相公痴，更有痴似相公者。”）“更”表惊奇，指对这种行为百思不得其解。毕竟，舟子是凡夫俗子理解不了。文中还出现了一个“更”字，是哪句？

生：湖中焉得更有此人。

师：你把这句话译成现代汉语。

生：在湖中怎么还能碰上这样的人。

师：现在就请你在“这样的人”间加上词语。

生：有此雅兴之人！

生：有高雅情趣之人！

生：有此豪情之人！

生：有此志同道合之人！

……

师：此人，指哪种人？请用文言文说出来。（学生踊跃举手）

生：湖中焉得更有此雅兴之人。

生：湖中焉得更有此豪情之人。

生：湖中焉得更有此志同道合之人。

生：湖中焉得更有此超人。（众大笑）

师：说得太好了。大冷的天，一般人是无法做到独往湖心亭看雪的，如果张岱要回答，用文言文如何回答？

生（抱拳）：彼此彼此。

生（鞠躬）：幸会幸会。（生笑）

生（大笑）：同道者在此！

师：同学们想象还是蛮丰富的，都说酒逢知己千杯少。老师心中也有一个疑问：他们饮酒前不问姓氏，饮酒后才问，却避而不答，只说金陵人客此。然后不留姓名不留地址，这段奇遇，张岱是不是处理得太草率了？

生：我觉得他们都是痴人，何需留名，一留名反而就俗了。

生：金陵是明朝的故都，说明张岱怀念前朝，怀念故都。

师：说得不错，张岱的作品中常常流露出明朝灭亡的伤感情绪。这样看来，张岱追求的是一种怎样的人生啊？

生：他不愿和人深交，只生活在自己的内心世界里。

生：他只愿融入大自然，他的心是属于自然的。

师：我们现在来看最初我们发现的那个矛盾，是张岱数不清人数吗？是张岱一不小心犯了一个可笑的错误吗？

生：我懂了，根本就不是失误，因为他"眼中无人"，知音尚且不顾，何况舟子。【释疑】

师：对，张岱就是这么一个痴人，痴迷于山水，希望融入自然达到天人合一的境界。一切景语皆情语，这个"痴"也反映了他超凡脱俗的情趣。

四、拓展延伸，课堂小结

师：世人都说张岱“痴”，而同学们的生活中也有不少痴迷的事情，说说看。

（学生纷纷举手发言）

师：是啊，大家也许觉得张岱很神秘，“痴”得离奇。平凡之人，也有“痴”的时候，也都会“痴”得可爱。刚才同学们说到了，曾经在如瓢泼般的大雨中漫步，任雨水把自己浇个透湿也毫不在乎；曾经把自己关进小屋里，独自一人去感受那流淌自心底的音乐；曾经长久地抬头仰望星空，不为别的，只为感受那份寂静。在今天这个日渐忙碌和功利的世界里，我们周围有太多疲于奔命而日渐忙碌沧桑的面容，然而，人活着不仅要有柴米油盐，还要有闲情逸致，所以我们感谢张岱，是他让我们感受到那份静谧，感受到那份痴迷，感受到人间的至情至性。

师：金陵人在湖上遇到张岱，喜悦兴奋之情溢于言表，张岱也和他们一样满心欢喜吗？（生讨论，可以有不同的见解，言之有理即可。）

生：不是满心欢喜。“强饮三大杯而别”中“强”字作“尽力”讲。本不想喝酒，但是此情此景不得不喝，勉强喝下三大杯就匆匆告辞。

生：张岱是孤傲的，他选择这一特殊时间出行，本想独享西湖雪景之美，不想被人扰了清净。对于这两个人，张岱也只是随口问了几句，并未作深入交谈，便匆匆逃脱。

生：也是满心欢喜。在这冰天雪地夜深人静之时，能遇到志同道合的人，怎能不心中大喜呢？明写金陵人的大喜，实写自己的惊喜；本不会喝酒，但是此情此景却尽力喝下三大杯，真是“酒逢知己千杯少”。

生：临别之际才问及友人姓氏，可见张岱是性情中人，最关注的是朋友间心灵的沟通和交流，至于身份地位等世俗问题并不在意，“同是天涯沦落人，相逢何必曾相识”。

生：同时，也真实地体现了作者由喜而悲的情绪变化，有缘相逢实非易事，此刻一别也许难以再见，怎能不让人遗憾呢？

师：另外，我们要学会“知人论文”，结合张岱的生平，我们或许更能理解张岱当时的心情。让我们把目光投注到课文注释。

师："明亡后不仕"，是什么意思？为什么"不仕"？

生：不想给清廷做事。这说明他有深深的故国之思。

师：《陶庵梦忆》，忆什么？

生：忆前尘往事。

PPT出示：陶庵国破家亡，无所归止，披发入山，骇为野人。故旧见之，如毒药猛兽，愕窒不敢与接。作自挽诗，每欲引决……——《〈陶庵梦忆〉自序》）

师：是什么让张岱无法大喜？

生：思念故国的愁绪。

师：情动于中而形于言，字里行间我们总能读到这种追念故国的情思。请默读全文，试着寻找作者表达对已逝明朝留恋的词句。

生：崇祯五年十二月。

师：这是什么纪年？

生：明。文章写于明亡后清朝时。

PPT出示：实际上，张岱集子中凡记昔游之作，大多标明朝纪年，以示不忘故国。——《诗的小品 小品的诗》

师：张岱就是这样痴迷于他的故国。这样看来，张岱到湖心亭不仅仅是为了看雪，而是为了寻梦，表达了对故国的依恋，对家园的思念。

师：和张岱同时代有一位文人叫张潮，他曾经说"少年读书，如隙中窥月；中年读书，如庭中望月；老年读书，如台上玩月；皆因阅历之浅深，所得之浅深耳"。《湖心亭看雪》一定还有更多的滋味，同学们在未来的日子里慢慢地感悟吧。

【设计意图】我通过找"痴行"、品"痴景"、议"痴心"，让学生品读文本，体会到了张岱的痴，他是个孤独的张岱、清高的张岱、痴人张岱、超凡脱俗的张岱、痴迷自然的张岱、思恋故国的张岱、内心孤独的张岱。整堂课紧紧围绕一个字"痴"，设计问题群——找痴行、品痴景、议痴心，达到悟"奇人"的效果。

【我听我说】

文言文历经了几千年的洗礼，积淀了中华五千年文化的精华，承载着极其璀璨的人文精神，是我国传统文化的重要载体。新课标明确指出，要教育学生“认识中华文化丰厚博大，吸收民族文化智慧”，而文言文教学无疑是实现这一目标的重要途径。然而，从教学现状来看，文言文似乎并未展示其迷人的魅力，文言文课堂教学的效率低下依然是不争的事实。

到底如何才能摆脱文言文教学的尴尬，提高文言文教学的有效性呢？陈剑峰老师的这堂课给了我们一个很好的答案——主问题一线串珠，问题群逐层深入。

1.主问题找准教学定位，提升文言文教学有效性

只有“文”“言”并举的教学定位，才能从根本上激发学生阅读文言的兴趣，从而提升教学效率。在中考指挥棒下，多数教师不约而同地将教学重点定位在了落实文言文之“言”上。对文字的锱铢必较，必然会给学生留下肢解课文之感，留给学生的也多是零星琐碎的不良印象。《湖心亭看雪》言简义丰，学生对深刻的内涵不易领会，看似简单的语言背后也蕴含着深刻的用意。陈老师设计的问题群中用了一个主问题就把所有的重点、难点串联起来——扣住一个“痴”字，让学生找“痴行”、品“痴景”、议“痴心”，不仅仅满足了字、词、句的解释，还上出了人文情感，让学生浸润在中国传统文化精华的滋养中，产生生命体悟上的共鸣，从根本上提升课堂教学的有效性。

这也正符合王荣生先生的“核心点”之说：“语文教学的多项教学任务应巧妙统一在一个环节里，而不是几个方面各行其是，把语文课堂弄成一个个碎片”，“阅读教学内容要切入文本的精华、精髓”，“教学的各个环节应围绕、指向核心教学内容的核心点”。陈老师正是通过设计富有“磁性”的问题，吸引了学生，激发了学生的求知兴趣，因而整个课堂上，双边交流融洽，学生思维活跃。

2.问题群加深学生理解，促进文言文教学有效性

文言文教学走进教师难教、学生难学的境地，与教学方式僵化导致课堂

沉闷有很大关系。陈老师这堂课采用了主问题引导下的问题群教学来激活课堂，深入文本，从而大大促进了教学的有效性。

文言文之所以能流传千古，绝不是因为它是古文字的堆砌。融作者思想情感、道德评价、文化素养、审美趣味等于一体的经典作品，文言文课文是一个活的整体。在文言文教学中，巧妙的课堂提问能诱发学生的思维潜能，“一石激起千层浪”，能让他们在接受新知的过程中始终感受到“柳暗花明又一村”的情境。

文言文传统的教授方法，一般是先逐句疏通字词，进而分析人物形象。而陈老师打破了这种常规教法，巧妙地在主问题的统摄下设置了三个环节引出对文本的解读：仔仔细细找“痴行”，字斟句酌品“痴景”，身临其境议“痴心”。这三个环节环环相扣又层层深入，让学生在文本中越挖越深。同时三个环节内部也是步步深入的：在找到“痴行”后，陈老师进一步提问“痴”的原因；学生品读完“痴景”后，陈老师用替换法加深学生对张岱用词精当的理解，又由找“景语”深入到悟“情语”，让学生体味作者的内心；议“痴心”的环节中，在用词语概括文章隐含之意后，又探讨这部分写作内容的处理，以及对作者心情的讨论，让学生越来越看清张岱“痴”的丰富意蕴，真正吃透文章。这样的文言文品读，达到了“言”与“文”的圆融、“言”与“情”的交融、“读”与“思”的融合。

通过这堂课，我们可以深刻体会到主问题教学在文言文教学中整合课堂、促进思维的作用。在问题连续体理论的指导下运用主问题设计、构建问题群开展教学，我们更有信心把这种先进的教学方法推广到更多的语文课堂教学中。

（南通市“真问题真思维”工作室成员　应勇）

参考文献

[1] 姚本先.论学生问题意识的培养[J].教育研究,1995(10).

[2] 欧阳文.学生无问题意识的原因与问题意识的培养[J].湘潭大学学报(哲学社会科学版),1999(1).

[3] 周谊.苏格拉底及其产婆术[J].云南教育(小学教师).1990(Z1).

[4] 范小虎."主问题"是语文课堂教学的命脉[J].文学教育,2011(7).

[5] 钟惠军."主问题"语文课堂教学的实践与思考[J].绍兴文理学院学报(教育教学研究),2011(10).

[6] 王坤.鼓励学生自己提问题[J].学科教育,1998(7).

[7] 杨晓红.学生问题意识在语文教学中的培养[J].成功(教育),2007(10).

[8] 陈剑峰.主问题教学的切入角度[J].南通教育研究,2012(8).

[9] 陈剑峰.初中语文教学设计中"主问题"特征探究[J].中学语文教学参考,2013(4).

[10] 陈剑峰.追问:学生思维发展的催化剂[J].语文建设,2012(6).

[11] 陈剑峰.例谈"主问题"的设计原则[J].教育研究与评论,2012(9).

[12] 陈剑峰.初中语文"主问题"教学设计的"五度"管窥[J].初中教学研究,2012(7).

[13] 陈剑峰.以《孔乙己》教学片段为例谈创新课堂切入的三性[J].中学语文教学参考,2009(8).

[14] 陈剑峰.以《孔乙己》教学片段为例谈创新教学问题设计遵循的原则[J].语文教学通讯,2009(6).

[15] 陈剑峰.《邹忌讽齐王纳谏》创新教学设计[J].语文教学与研究,

2009(6).

[16] 陈剑峰.《口技》创新教学设计[J].语文教学研究，2009(5).

[17] 陈剑峰."生成"是学生课堂生命的成长点[J].文学教育，2011(6).

[18] 陈剑峰.思维：语文阅读教学的核心追求[J].中学语文教学参考，2012(9).

[19] 陈剑峰.问题间的逻辑结构[J].中学语文教学，2012(9).

[20] 陈剑峰.问题群：学生思维发展的路标[J].初中语文教与学(人大复印资料全文转载)，2013(11).

后　记

"婴儿"是父母心血的结晶，不管体型肥瘦，无论肤色黑白；不管性别男女，无论性格内向与外向，都是父母的最爱。拙著的付梓是我多年来语文阅读教学实践、摸索的整理和记录，是我在教育理论上不断探索的阶段总结、提炼和升华。它记载了我成长成熟、渐成风格的过程，凝聚了父母对我的熏陶和培育，汇集了岳父一家对我的关爱和支持，蕴含着省市教科研部门各级领导、专家的热情指导和诸多朋友、同事的无私帮助，在此表示衷心的感谢和崇高的敬意。

特别鸣谢《中学语文教学》《语文建设》《中学语文教学参考》《语文教学通讯》《语文教学与研究》《语文世界》《语文知识》等专业类杂志编辑的呵护和关爱，使我的课堂实践和理性思考的结晶得到认可并广泛传播。这些专家、学者的鼓励，是鞭策我不断进步的精神动力，使我更加热爱"教书育人"的事业，鞭策我不断前行。

在拙著的编辑、出版过程中，得到西南师范大学出版社领导、编辑的帮助，得到本人工作单位江苏省南通市第一初级中学领导的关心，得到江苏省"十二五"规划课题"以学生思维流程为指向的主问题教学设计"课题组核心成员周莹、费生、沈巡天、孙静、孙露璐、张丽、张建梅、华东、王芳、周标、沙建国、应勇等老师的支持，在此表示最真诚的感谢。在论文的修改过程中，是爱妻不辞辛劳地打印、校对，为我赢得了教学之余不可多得的时间，是她的微笑和鼓励给了我无穷的精神力量，使我克服了一个个困难；是爱女（中国人民大学古代文学优秀硕士）的"多读原著，少说空话"的话语使我更专心、更有情趣地去实践、思考和写作。千言万语道不尽对所有关爱我的领导专家、挚友亲朋的感激，仅以此书略表谢意。

雄关漫道真如铁，而今迈步从头越。

百花齐放，万象更新，是自然界盎然春天的写照；

百舸争流，千帆竞发，是新世界生机蓬勃的表征。

我愿做一滴甘露，润泽教育园地中万紫千红的花朵；

我愿驾一叶扁舟，穿行在新一轮教学改革的浪潮之中。

陈剑峰

2014 年 3 月

西南师范大学出版社
《名师工程》系列丛书目录

系列	序号	书　　名	主编	定价
高效课堂系列	1	《从教会到教慧——小学生数学学习能力的培养艺术》	滕　云	30.00
	2	《用什么提高课堂效率——有效数学课必须关注的10大要素》	赵红婷	30.00
	3	《让作文更轻松——小学作文高效教学36锦囊》	李素环	30.00
	4	《让研究性学习更高效——研究性学习施教指导策略》	欧阳仁宣	30.00
	5	《让母语融入学生心灵——提升学生语文素养的高效施教艺术》	黄桂林	30.00
名师教学手记系列	6	《唤醒生命的对话——孙建锋语文教学手记》	孙建锋	30.00
	7	《让作文教学更高效——王学东写作教学手记》	王学东	30.00
思想者系列	8	《回归教育的本色》	马恩来	30.00
	9	《守护教育的本真》	陈道龙	30.00
	10	《教育，倾听心灵的声音》	李荣灿	30.00
	11	《心根课堂——让教育随学生心灵起舞》	刘云生	30.00
	12	《做一个纯粹的教师》	许丽芬	26.00
	13	《率性教书》	夏　昆	26.00
	14	《为爱教书》	马一舜	26.00
	15	《课堂，诗意还在》	赵赵（赵克芳）	26.00
	16	《今日教育之民间立场》	子虚（扈永进）	30.00
	17	《教育，细节的深度反思》	许传利	30.00
	18	《追寻教育的真谛——许锡良教育思考录》	许锡良	30.00
	19	《做爱思考的教师》	杨守菊	30.00
教育探索者·鲁派名校系列	20	《博弈中的追求——一位中学校长的“零”作业抉择》	李志欣	30.00
	21	《大教育视野下的特色课程构建——海洋教育的开发实施》	白刚勋	30.00
教育探索者·鲁派名师系列	22	《追问历史教学之“道”》	钟红军	30.00
	23	《灵动英语课——高效外语教学氛围创设艺术》	邵淑红	30.00
	24	《校园，幸福教育的栖居》	武际金	30.00
	25	《复调语文——尊重生命自我成长的语文教学》	孙云霄	30.00
	26	《智趣数学课——在情感深处激发学生的数学智能》	王冬梅	30.00
	27	《高品位“悦读”——让情感与心灵更愉悦的阅读教学》	马彩清	30.00
	28	《品诵教学——感悟母语神韵的阅读教学》	侯忠彦	30.00
	29	《智趣化学课——在快乐中提升学生的科学素养》	张利平	30.00
名校系列	30	《人本与生本：管理与德育的双重根基》	广州市广外附设外语学校	30.00
	31	《生本与生成：高效教学的两轮驱动》	广州市广外附设外语学校	30.00
	32	《世界视野与现代意识：校本课程开发的二元思维》	广州市广外附设外语学校	30.00
	33	《让每个生命都精彩——生命教育校本实践策略》	王鹏飞	30.00
	34	《好学校，从关注每个学生开始——石梅小学优质教育多元感悟》	顾　泳　张文质	30.00

系列	序号	书　　名	主编	定价
名校长核心思想系列	35	《智圆行方——智慧校长的50项管理策略》	胡美山　李绵军	30.0
	36	《做一个智慧的校长》	孙世杰	30.00
	37	《成为有思想的校长》	赵艳然	30.00
创新班主任系列	38	《班主任专业化成长策略》	杨连山	30.00
	39	《班级活动创新与问题应对》	杨连山　杨　照　张国良	30.00
	40	《班集体建设与创新人才培养》	李国汉	30.00
	41	《神奇的教育场——打造特色班级文化创新艺术》	李德善	30.00
教研提升系列	42	《校本教研的7个关键点》	孙瑞欣	30.00
	43	《教师怎样做小课题研究——高效助力教师专业化成长》	徐世贵　刘恒贺	30.00
	44	《今天我们应怎样评课》	张文质　陈海滨	30.00
	45	《今天我们应怎样进行教学反思》	张文质　刘永席	30.00
	46	《一节好课需要的教育智慧》	张文质　姚春杰	30.00
优化教学系列	47	《高效教学组织的优化策略》	赵雪霞	30.00
	48	《高效教学方法的优化策略》	任　辉	30.00
	49	《高效教学过程的优化策略》	韩　锋	30.00
	50	《让教学更生动——激发兴趣让学生快乐认知》	朱良才	30.00
	51	《让教学更高效——策略创新让教学事半功倍》	孙朝仁	30.00
	52	《让教学更开放——拓展延伸让学生触类旁通》	焦祖卿　吕　勤	30.00
	53	《让教学更生活——体验运用让学生内化知识》	强光峰	30.00
	54	《让知识更系统——整合与概括让学生建构体系》	杨向谊	30.00
	55	《让思维更创新——思辨与发散让学生思维活跃》	朱良才	30.00
创新语文教学系列	56	《曹洪彪新概念快速作文》	曹洪彪	30.00
	57	《小学语文：享受对话教学》	孙建锋	30.00
	58	《小学语文：名师教学目标落实艺术》	刘海涛　王林发	30.00
	59	《小学语文：名师魅力教学设计艺术》	刘海涛　王林发	30.00
	60	《小学语文：名师魅力课堂激趣艺术》	刘海涛　豆海湛	30.00
	61	《小学语文：单元整体教学构建艺术》	李怀源	30.00
	62	《小学作文：名师情趣课堂创设艺术》	张化万	30.00
教师成长系列	63	《做会研究的教师》	姚小明	30.00
	64	《学学名师那些事》	孙志毅	30.00
	65	《给新教师的建议》	李镇西	30.00
	66	《教师心灵读本：成为有思想的教师》	肖　川	30.00
	67	《教师心灵读本：教师，做反思的实践者》	肖　川	30.00
创新课堂系列	68	《个性化课堂教学艺术：小学语文》	商德远	30.00
	69	《如何实现三维目标——让学生与文本共鸣的诵读教学》	张连元	30.00
	70	《想说　会说　有话可说——突破作文瓶颈的三维教学法》	杨和平	30.00
	71	《综合课的整合创新教学》	周辉兵	30.00
	72	《如何打造学生喜欢的音乐课堂》	张　娟	30.00
	73	《理想课堂的构建与实施——一个教研员眼中的理想课堂》	张玉彬	30.00
	74	《小学语文：决定教学质量的关键策略》	李　楠	30.00
	75	《用〈论语〉思想提升数学教育智慧》	胡爱民	30.00
	76	《童化作文——浸润儿童心灵的作文教学》	吴　勇	30.00
	77	《智慧的阅读教学》	龚如君	30.00
名师名课系列	78	《名师如何炼就名课》（美术卷）	李力加	35.00

系列	序号	书名	主编	定价
幼师提升系列	79	《全国优秀幼儿健康教育活动课例评析》	教育部教育管理信息中心	30.00
	80	《全国优秀幼儿艺术教育活动课例评析》	教育部教育管理信息中心	30.00
	81	《全国优秀幼儿社会教育活动课例评析》	教育部教育管理信息中心	30.00
	82	《全国优秀幼儿语言教育活动课例评析》	教育部教育管理信息中心	30.00
	83	《全国优秀幼儿科学教育活动课例评析》	教育部教育管理信息中心	30.00
教师修炼系列	84	《班主任工作行为八项修炼》	杨连山	30.00
	85	《教师心理健康六项修炼》	李慧生	30.00
	86	《教师专业化五项修炼》	杨连山　田福安	30.00
	87	《课堂教学素养五项修炼》	刘金生　霍克林	30.00
	88	《高效教学技能十项修炼》	欧阳芬　诸葛彪	30.00
	89	《教师新师德六项修炼》	王毓珣　王　颖	30.00
创新数学教学系列	90	《小学数学：名师教学目标落实艺术》	余文森	30.00
	91	《小学数学：名师高效教学设计艺术》	余文森	30.00
	92	《小学数学：名师易错问题针对教学》	余文森	30.00
	93	《小学数学：名师魅力课堂激趣艺术》	余文森	30.00
	94	《小学数学：名师同课异教》	林高明　陈燕香	30.00
	95	《小学数学：名师抽象问题艺术教学》	余文森	30.00
教育心理系列	96	《做最好的心理导师——中学生心理健康咨询手册》	杨　东	30.00
	97	《每天学点教育心理学》	石国兴　白晋荣	30.00
	98	《学生心理拓展训练与指导》	徐岳敏	30.00
	99	《好心态成就好学生——学生心理问题剖析与对症教育》	李韦遴	30.00
教育通识系列	100	《用心做教师——青年教师快速成长的十大定律》	王福强	30.00
	101	《做最受学生欢迎的老师》	赵馨　许俊仪	30.00
	102	《做有策略的校长——经典寓言与学校管理智慧》	宋运来	30.00
	103	《做有策略的教师——经典故事中的教育启示》	孙志毅	30.00
	104	《从学生那里学教书》	严育洪	30.00
	105	《突破平庸——提升教育质量的31个跳板》	严育洪	30.00
	106	《教育，诗意地栖居》	朱华忠	30.00
	107	《好班规打造好班级》	赵　凯	30.00
	108	《做学生成长的引领者——学生终身成长的素质培养》	田祥珍	30.00
	109	《如何管出好班级——突破班级管理的四大瓶颈》	刘令军	30.00
	110	《青春期性教育教师实用手册》	闵乐夫	30.00
教育细节系列	111	《名师最具渲染力的口才细节》	高万祥	30.00
	112	《名师最有效的沟通细节》	李　燕　徐　波	30.00
	113	《名师最有效的激励细节》	张　利　李　波	30.00
	114	《名师培养学生好习惯的高效细节》	李文娟　郭香萍	30.00
	115	《名师人格教育的经典细节》	齐　欣	30.00
	116	《名师营造课堂氛围的经典细节》	高　帆　李秀华	30.00
	117	《名师最有效的赏识教育细节》	李慧军	30.00
	118	《名师最有效的批评细节》	沈　旎	30.00
名师讲述系列	119	《施教先施爱——名师讲述班主任的核心教导力》	杨连山　魏永田	30.00
	120	《在欢乐中成长——名师讲述最具活力的课堂愉快教学》	王斌兴	30.00
	121	《让学生做自己的老师 ——名师讲述如何提升学生自主学习能力》	徐学福　房　慧	30.00
	122	《引领学生高效学习 ——名师讲述如何提高学生课堂学习效率》	刘世斌	30.00
	123	《教育从心灵开始——名师讲述最能感动学生的心灵教育》	张文质	30.00

系列	序号	书　　名	主编	定价
教育管理力系列	124	《名校激励管理促进力》	周　兵	30.00
	125	《名校安全管理执行力》	袁先激	30.00
	126	《名校师资团队建设力》	赵圣华	30.00
	127	《名校危机管理应对力》	李明汉	30.00
	128	《名校校本研究创新力》	李春华	30.00
	129	《学校文化力建设策略》	袁先激	30.00
	130	《名校长核心教育力》	陶继新	30.00
	131	《名校长高绩效领导力》	周辉兵	30.00
	132	《名校行政管理细节力》	杨少春	30.00
	133	《名校教学管理提升力》	张　韬　戴诗银	30.00
	134	《名校学生管理教导力》	田福安	30.00
	135	《名校校园文化构建力》	岳春峰	30.00
大师讲坛系列	136	《大师谈教育心理》	肖　川	30.00
	137	《大师谈教育激励》	肖　川	30.00
	138	《大师谈教育沟通》	王斌兴　吴杰明	30.00
	139	《大师谈启蒙教育》	周　宏	30.00
	140	《大师谈教育管理》	樊　雁	30.00
	141	《大师谈儿童人格塑造》	齐　欣	30.00
	142	《大师谈儿童习惯培养》	唐西胜	30.00
	143	《大师谈儿童能力培养》	张启福	30.00
	144	《大师谈早恋与性教育》	闵乐夫	30.00
	145	《大师谈儿童情感教育》	张光林　张　静	30.00
高中新课程系列	146	《高中新课程：教师角色转变细节》	缪水娟	30.00
	147	《高中新课程：班主任新兵法细节》	李国汉　杨连山	30.00
	148	《高中新课程：教学管理创新细节》	陈　文	30.00
	149	《高中新课程：更有效的评价细节》	李淑华	30.00
教学新突破系列	150	《把教学目标落实到位——名师优质课堂的效率管理》	冯增俊	30.00
	151	《拿什么调动学生——名师生态课堂的情绪管理》	胡　涛	30.00
	152	《零距离施教——名师和谐师生关系的构建艺术》	贺　斌	30.00
	153	《一个都不能落——名师提升学困生的针对教学》	侯一波	30.00
	154	《让学习变得更轻松——名师最能吸引学生的情境设计》	施建平	30.00
	155	《让知识变得更易学——名师改造难学知识的优化艺术》	周维强	30.00
教学提升系列	156	《方法总比问题多——名师转变棘手学生的施教艺术》	杨志军	30.00
	157	《用特色吸引学生——名师最受欢迎的特色教学艺术》	卞金祥	30.00
	158	《让学生爱上课堂——名师高效课堂的引导艺术》	邓　涛	30.00
	159	《拿什么打开思路——名师最吸引学生的课堂切入点》	马友文	30.00
	160	《没有记不牢的知识——名师最能提升学生记忆效果的秘诀》	谢定兰	30.00
	161	《让学生的思维活起来——名师最激发潜能的课堂提问艺术》	严永金	30.00